놓치고
싶지 않은
내 돈

놓치고
싶지 않은
내 돈

1판 1쇄 | 2015년 7월 1일
1판 2쇄 | 2015년 11월 1일

지은이 | 김현우 최용진 정상욱 봉정아
펴낸이 | 박상란

펴낸곳 | 피톤치드
교정교열 | 강예서   디자인 | 황지은
경영 · 마케팅 | 박병기

출판등록 | 제387-2013-000029호
등록번호 | 130-92-85998
주소 | 경기도 부천시 원미구 수도로 66번길 9, C-301
전화 | 070-7362-3488
팩스 | 0303-3449-0319
이메일 | phytonbook@naver.com

ISBN | 979-11-951589-9-7   (03320)

「이 도서의 국립중앙도서관 출판예정도서목록(CIP)은 서지정보유통지원시스템 홈페이지(http://seoji.
nl.go.kr)와 국가자료공동목록시스템(http://www.nl.go.kr/kolisnet)에서 이용하실 수 있습니다.(CIP
제어번호: CIP2015015453」

재테크 미끼와 그들의 거짓말

놓치고
싶지 않은
내 돈

피톤치드

소중한 내 돈, 어떻게 지킬 것인가

월급쟁이 부자, 재테크 여왕, 10억 노후 자금…

말만 들어도 솔깃한 기분이 든다. 성공한 재테크의 고수들이 비결을 알려 주겠다고 하니, 눈을 크게 뜨고 귀를 쫑긋 세우지 않을 수 없다. 그런데 나도 부자가 될 수 있을 것 같은 기분은 잠깐이다. 막상 현실로 돌아오면 왠지 모를 괴리감에 스스로가 초라하게 느껴진다. 왜일까? '재테크'라는 단어 속에 그 답이 있다. 재테크는 말 줄이기 좋아하는 일본 사람들이 만들어낸 용어다. 원래는 여유자금으로 하는 기술적 투자 행위를 일컫는 말이지만 우리나라에서는 돈을 모으는 모든 수단을 통칭하는 단어로 쓰이고 있다. 의미 자체가 모호하고 너무 흔하게 쓰이는 경제용어인 셈이다. 접할 때마다 막연한 느낌이 드는 것도 이 때문이다.

사회적으로 경제적으로 성공한 사람들에게는 공통적인 습관과 버릇이 있다. 실패를 거름 삼아 성공을 이루어낸다는 것이다. 반면에 실패한 사람들은 반복되는 실수를 마치 습관처럼 지나치고 만다. 실패가 습관이 된 것이다. 이 실패의 습관은 재테크에서도 마찬가지다. 대부분의 사람들은 재테크라는 말을 들었을 때 '어떻게 하면 재테크를 잘할 수 있지?'를 생각한다. 그런데 우리의 현실은 녹록하지 않다.

실패의 요인은 다양하다. 첫째, 철저한 목표 의식의 부재다. 남들이 하니까 나도 해야지 하는 생각으로 시도했다가는 중도에 포기하기 십상이다. 둘째, 지출에 대한 통제가 쉽지 않다. 수입은 한정되어 있는데 지출이 규모 없이 늘어만 간다면 제 아무리 금융 지식과 기술이 많아도 재산을 지킬 수 없다. 셋째, 잘못된 투자 때문이다. '이번에는 다르겠지' 하는 생각으로 고위험성 금융상품이나 부동산에 투자하는 것은 실패로 직행하는 지름길이다. 하지만 이런 이유들보다 더 중요한 실패의 원인은 '부족한 공부'에 있다.

《놓치고 싶지 않은 내 돈》은 어떻게든 재산을 지키고 싶어 하는 절박한 사람들을 위한 책이다. 목표 의식이 없거나, 지출에 대한 통제가 어렵거나, 투자에 실패했거나, 정보가 부족한 이들을 모두 아우른다. 특히 이들은 재무 설계라는 이름으로 소시민을 울리는 금융회사와 직원들을 향해 날카로운 칼을 빼들었다. 이들이 말하는 진실을 이해하는 것만으로도 지금까지와는 다른, 진정한 의미의 재테크가 시작될 것이다. 여러분의 재테크는 이제부터 시작이다.

강형구, **금융소비자연맹 금융국장**

호갱님, 고마운 우리 호갱님

금융회사에게 있어서 소비자들은 더 이상 '고객님'이 아니다. 아니, 애초부터 고객님이었던 적이 있었는지나 모르겠다. 우연히 모 보험회사 사무실을 지나다가 보험설계사들이 하는 말을 들은 적이 있다.

"고객은 사골이야. 최대한 우려먹어야 돼. 그럼 뭔가 하나라도 더 나와."

이 말은 굉장히 충격적으로 와닿았고 이후에도 금융회사의 배를 불려주는 고객들을 만날 때마다 이 말이 생생하게 떠올랐다. 가입할 때는 뭐든 다해 줄 것처럼, 평생의 동반자일 것처럼 느껴지던 보험설계사들이, 막상 서류에 사인하고 나면 연락조차 힘들어지는 경험을 해본 적이 있지 않은가? 명절에 선물을 챙겨주고 생일까지 챙겨주는 다정한 설계사들도 있다고? 어쩌면 당신은 우려낼 게 남아 있는 사골일지도 모른다.

안전하다고, 믿을 만하다고 생각했던 은행도 당신을 그저 돈주머니로 여길 뿐이다. 은행은 돈 안 되는 고객을 입구에서부터 차단하기로 유명하다. 은행 입구에 줄줄이 늘어서 있는 ATM기를 보라. 자잘한 업무를 보러 온 서민 고객들은 은행 안에 발도 들여놓지 못하게 하기 위한 시스템이다. 설마 이걸 고객의 편의를 위한 은행의 배려라고 믿었는가. 당신은 너무나 순진하고 착한 고객, 아니 요즘 말로 호갱님이다.

통장을 만들거나, 예금을 하거나, 적금에 가입하는 고객까지 모두 서서 상담을 받는다. 돈 되는 고객이 아니므로 빨리 볼일을 보고 나가라는 뜻이다. 은행에서 고객이 의자에 앉아 용무를 볼 수 있는 유일한 곳은 대출 창구나 보험 가입을 받는 곳이다. VIP라고 불리우는 진짜 돈이 되는 고객은 PB룸이라는 특별한 방으로 안내를 받는다. 여기를 출입하는 사장님, 사모님은 양손 가득히 선물도 받는다.

금융회사들이 이렇게 막 나갈 수 있는 데에는 그 나름의 배경이 있다. 1998년 외환위기 이전만 해도 직장은 평생 고용을 보장해 주었고 서민일지라도 알뜰하게 살면 10년 안에 내 집 장만이 가능했다. 퇴직금만으로도 노후 대비는 큰 어려움이 없었다. 이때만 해도 최고의 재테크는 '직장에서 열심히 일하기'였다.

그런데 요즘은 어떤가. 서점에 가면 '나는 이렇게 부자가 되었다', '서른 전에 3억 만들기' 따위의 거창한 제목을 단 재테크 서적이 홍수를 이룬다. 이들의 가르침대로 해서 결실을 거둔 사람이 과연 현실에 존재하기는 할까? 이는 무한경쟁으로 치달은 사회에서 불안하기 짝이 없는 개개인의 심경을 반영한 결과물들이다.

한 술 더 떠서 제도는 불안해진 우리들의 삶을 안정화해 주기는커녕, 재벌과 자본의 이익 논리에 휘둘리고 있다. 제도마저 우리를 무한경쟁의 급류 속으로 내몬 것이다. 은행, 증권사, 보험사로 대표되는 금융회사, 그들과 단단히 링크된 언론이 자신들의 돈벌이를 위해서 일치단결한다. 허울뿐인 '재산 관리(Wealth Management)'와 공포를 조장하면서 간신히 생존해 가는 가계를 재테크 전선에 뛰어들게 했다.

재테크 전장에서 승리한 사람은 과연 누구인가? 집은 사두면 언젠가 오른다는 말을 믿었던 몇백만 명의 사람들이 하우스푸어가 되어 은행에 월세를 낸다. 주식투자로 큰돈을 번 사람은 인터넷에만 존재하며, 연금이라던 보험상품은 우리의 노후를 책임져 주지 못한다. 8백만 명이 넘게 가입한 것으로 알려진 변액연금 덕분에 노후 걱정을 잊었다는 사람은 본 적이 없다. 금융회사는 소비자의 이익을 위해서 새로운 상품을 만들어 내는가, 아니면 그 반대인가. 분명한 것은 금융자본주의 세상에서 만들어진 투자시장은 다수의 손해를 바탕으로 소수만이 이익을 챙겨가는 구조라는 것이다. 애초에 판이 그런 식으로 짜여 있음을 명심하자.

지금까지 호갱으로 살았다고 하더라도 더는 남 탓, 환경 탓만 하고 있을 수 없다. 모르면 불편한 데서 그치는 게 아니라 힘들게 번 내 돈이 수중에서 사라진다. 힘들게 번 '내 돈'을 놓치고 싶지 않다면? 손해보지 않기 위해, 당하지 않기 위해, 그들의 시커먼 속을 들여다보는 안목을 갖추어야 한다. 낯선 이름의 제도와 정책이 쏟아지더라도 관심을 갖고 공부해야 한다. 방송과 신문이 금융회사와 이해관계를 맺으며 거짓 정보를 떠들어도 귀를 막을 줄 알아야 한다.

이 책은 여러분의 안목을 조금이라도 높이는 데 일조하고자 만들어졌다. 여러분이 소중한 '내 돈'을 놓치지 않는 데에 작은 기여라도 할 수 있다면 책을 쓰는 과정에서 겪었던 고충과 시름쯤은 모두 잊을 수 있을 것 같다. 소중한 여러분의 돈, 절대로 놓치지 않길 바란다.

2015년 여름

CONTENTS

금융상품,
가면 속 진짜 얼굴

PART 1

PART 4
호갱, 당당한 '고객님'으로 거듭나다

내 돈
놓치지 않는 법

PART 5

금융상품,
가면 속 진짜 얼굴

돈은 현악기와 같다.
그것을 적절히 사용할 줄 모르는 사람은 불협화음을 듣게 된다.
- 칼릴 지브란

1

악마는 인맥을 업는다

우리 주변에는 무수한 카드나 보험설계사, 재무설계사, 카드 영업사원이 존재한다. 아는 사람 중에 그런 사람이 한 사람도 없다면 당신은 행운아다. 필요 없는 카드나 보험상품에 가입해 달라는 부탁을 피할 수 있고 거절했다가 매몰찬 사람으로 보이지 않을까 걱정하지 않아도 되니까 말이다. 그런데 이 책을 읽는 독자라면 누구나 한 번쯤은 엄마의 친구, 친구의 남편, 고모나 이모가 금융상품 회사에 근무하고 있어 직접적으로나 간접적으로 도움을 준 적이 있을 것이다. 이제 소개할 A 씨의 경우도 마찬가지다.

A 씨는 대학을 졸업하고 바늘 구멍 같은 취업의 문을 뚫고 대기업에 취직했다. 하루는 퇴근 후에 동네 친구와 맥주 한 잔을 기울

이며 이런저런 이야기를 주고받았다.

"월급이 적은 건 아닌데 말이야. 다 어디로 가는지 모르겠어. 내가 이거 잘하고 있나 고민스럽기도 하고. 누가 속 시원하게 돈 관리 이렇게 해라 조언해 주면 정말 좋을 텐데."

"그래? 그럼 우리 이모가 재무 전문가인데 한 번 만나볼래? 상담이나 받아봐. 돈 드는 것도 아니고. 나도 이모랑 이야기하고 도움 많이 받았어."

"정말?"

A 씨는 친구의 조언에 따라서 친구의 이모를 만났다.

"사실은 제가 만나는 여자 친구가 있거든요. 이 친구랑 3년? 늦어도 5년 내에는 결혼하고 싶어요. 결혼 자금을 만들어야 하는데 좋은 방법이 없을까요?"

친구의 이모라던 재무설계사는 너무나 인자하고 상냥하게 A의 이야기를 들어주었다.

"얼마나 좋은 일이에요? 요즘 삼포세대다 뭐다 해서 결혼 포기하는 친구들도 많은데 대기업에 취직해, 결혼할 사람도 있고 A 씨는 정말 복받은 거예요."

이모님의 칭찬과 격려에 A 씨는 그간에 고민하던 것들이 한결 가벼워지는 기분이었다.

"제가 꼭 3, 4년 내로 결혼할 수 있도록 해 줄게요. 걱정 말아요. 내가 이 방면에 전문가잖아. A 씨 또래 고객을 내가 다 관리하고 결혼 자금도 모아줬어요."

자신 있게 말하는 이모님을 보며 A는 신뢰감을 느꼈다. 친구의 이모지만 자신의 이모처럼 친근했다.

A 씨는 소위 말하는 재무 전문가와의 상담을 통해서 S생명 유니버셜 종신보험과 S생명 종신보험 두 개에 가입했다. 당연히 재무 전문가의 추천만을 믿고 선택한 것이다. 먼저 S생명 유니버셜 종신보험(주계약 3억, 정기특약 2억)부터 살펴보면 업계에서 흔히 말하는 '알종신'(별다른 특약 없이 사망보험금만을 주계약으로 하는 보험)이다. 보험료는 월 72만 원, 보험설계사에게 가장 많은 수수료를 지급하는 보험상품으로 악명이 높다. 그만큼 수수료가 어마어마하다.

두 번째 S생명 종신보험에 대해서 알아보자. 주계약 5천만 원 지급에 암, 2대 질병 진단비 등을 보장한다. 이 보험상품의 경우 월 납입료가 16만 원이다. A 씨가 만난 이모님, 재무 전문가는 이렇게 말했다.

"남자는 나중에 가장이 되고 나면 남은 가족들을 위해서 보장자산을 준비해야 돼요. 막말로 내가 죽으면 남은 가족은 어쩔 거야? 노후는 한 살이라도 어려서 준비해야 돼요. 이건 나중에 연금으로 전환할 수도 있기 때문에, 노후 자산으로도 쓸 수 있어요. 중간에 결혼 자금이 필요하면 꺼내 쓸 수도 있고. 만능이죠, 만능. 우리 보험사 고객 만족도 1등인 거 알죠?"

그로부터 4년이 지난 후, A 씨는 필자의 강연을 듣게 된다. 강사의 말에 A 씨는 눈이 번쩍 뜨이는 것 같았다.

"자칭 재무 전문가라고 하는 분들한테 상담 많이 받아보셨죠?"

"종신보험에 가입하라고 하면서 그걸 저축이라고 표현하잖아요? 절대로 저축이 아니에요, 그건. 납입하다가 돈이 없어 못하면 중단하라고 하죠?"

"이런 보험이야말로 여러분이 절대로 가입해서는 안 되는 상품입니다."

강사의 말을 들으면 들을수록 절대로 가입하지 말라는 상품에 죄다 가입되어 있는 게 아닌가 하는 불길한 예감이 밀려왔다. A 씨는 궁금한 마음에 강의가 끝난 후, 필자에게 면담을 청했다.

: 과연 누구를 위한 권유인가 :

앞에서 언급된 A 씨가 가입한 월 보험료 72만 원짜리 종신보험의 경우, 가입 후 3년까지는 납입이 순조로웠다. 그러나 이후에는 여유가 없어 납입을 중지했다. 보험료 납입을 중지할 당시, 문제의 이모님과 통화했고 중지해도 된다는 설명만 들었다고 한다. 결혼을 준비하는 데 있어서 부족한 자금은 마이너스 통장으로 메웠다. A 씨는 이 돈을 축의금을 받아 갚을 것이라고 했다. 가뜩이나 부채 비율이 높은 가정인데 매달 70만 원이 넘는 금액을 3년이나 납입하고 납입을 중지한 상태로 1년이 넘어가고 있다니!

유니버셜보험은 그 특성상 보험 계약자가 매월 보험료를 납입하지 않거나 중지하면 그동안 낸 돈에서 매월 해당 보험료를 빼서 써버린다. 즉, 해약환급금이 점점 줄어든다. 계약 시 보장을 유지한다는 것을 명목으로 말이다. 만약에 A 씨가 지금의 재무 상태로 아파트에 입주한다면? 현금 흐름은 더욱 나빠지고 늘어나는 부채와 이자 때문에 또 다른 재무 문제를 겪을 수밖에 없다. 설명을 들은 A 씨는 결단을 내렸다.

"당장 해약하고 싶은데요. 해약하면 얼마나 받을 수 있죠?"

콜센터를 통해 확인해 보니 A 씨가 돌려받을 수 있는 돈은 지금까지 납입한 금액의 30%도 되지 않았다. 그는 제대로 된 설명을 들은 적도 없고, 이런 상품인지 알았다면 애초에 가입을 하지 않았을 것이라고 주장했다. 하지만 계약을 취소할 수 있는 기간인 30일이 지났기 때문에 처리가 불가능하다는 대답만 돌아왔다. 2015년 1월 5일 이전에는 청약 철회 기간이 15일, 계약의 취소는 30일 이내에 가능했다. 그런데 1월 5일부터는 청약 철회는 가입 30일, 보험증권을 받은 후 15일, 취소는 90일 이내로 바뀌었다.

손해 때문에 해약을 망설이는 A 씨에게 필자는 혹시나 하는 마음에 가입 당시를 떠올려보도록 했다.

"혹시 가입할 때 서류는 전부 직접 작성했었나요?"

"아니오. 서류도 특별히 받아 놓은 건 없었던 것 같고……. 그때 신입이라서 정신없이 바빴거든요. 필요한 건 그분이 알아서 작성해 줄 테니 나중에 확인 전화 오면 대답만 잘하라고 했어요."

A 씨는 당장 콜센터에 전화를 걸어 가입 당시 작성한 서류의 사

본을 요청했다. 며칠 후 메일로 도착한 서류는 A 씨 본인의 필체
와는 전혀 다른 필체로 작성되어 있었고 서명도 마찬가지였다.
A 씨는 보험사와 금감원에 정식으로 민원을 제기했고 2주 만에
그간 납입했던 보험료를 전부 돌려받을 수 있었다.

"그런데 이제 와서 하는 말이지만 그 이모님요. 자기 아들, 딸
이었다면 결혼 자금 모으라며 종신 보험 70만 원짜리에 가입시
킬까요? 저축이라고 하면서 말이에요. 그 말을 그대로 믿었으
니……."

그러면서 그는 보험설계사, 재무설계사라는 이들의 강력한 가
입 권유가 누구를 위한 것인지 모르겠다며 허탈하게 웃었다.

그런데 A 씨와 비슷한, 아니 더 심각한 사례도 얼마든지 있다.
이들은 대개 친분과 아는 사이임을 내세우면서 고객에게 접근한
다. 우리는 은행 직원과 친분이 있다고 하면 언뜻 생각했을 때는
좋을 것 같다. 그런데 B 씨의 경우 그렇지 않았다. 그는 아는 은행
직원을 통해서 5년 만기 적금에 가입하기로 하고 월 130만 원씩
납입하기로 했다.

"제가 다 알아서 최종 계약서를 작성해 보내줄 테니 일단 서명
부터 하세요."

B 씨는 은행 직원이 보내준 빈 양식지를 받았다. 친분 있는 사
람이니까 별일이 있을까 하고 의심하지 않고 서류에 서명을 했다.
그때까지도 적금이라고 철썩 같이 믿으면서 말이다. 그런데 시간

이 지나서 알고보니 그 상품은 적금이 아니었다. 대신에 수당이 많이 나오는 '보장성 보험'이었다. B 씨는 뒤늦게 분통을 터뜨리며 당장 계약을 철회하려고 했으나 뜻대로 되지 않는다. 자필 서명이 돼 있고 청약 철회 기간이 지났기 때문이다. 이런 황당한 사례들은 얼마든지 있다.

C 씨의 경우가 이러한데, 그는 심지어 보험상품을 가입한 적도 없는데 '저희 회사 상품을 가입해 주셔서 감사하다'는 인사를 받았다. C 씨는 이게 무슨 일이냐며 보험사에 전화해서 따졌더니 설계사 지인이 원인이었다. 설계사는 그제야 실적 때문에 그랬다며 미안하다고 했다. 설계사가 당사자의 동의도 없이 개인 정보를 이용해서 친한 사람의 이름으로 보험을 들어놓은 것이다.

물론 지인을 다른 고객들보다 성실하게, 알뜰살뜰하게 챙기는 설계사들도 많다. 하지만 아는 사람이라고 해서 마음을 놓았다가 곤란을 겪는 일이 수두룩하다. 소비자 입장에서는 '아는 사람'을 믿는데 일부 질 나쁜 설계사들이 그 믿음을 이용하는 것이다.

그렇다면 이런 황당한 일을 겪지 않기 위해서는 어떻게 해야 할까? 일단 지인이 전문가를 자처한다고 해서 그대로 믿어서는 안 된다. 특히 보험과 관련된 사건 중에는 지인이나 선배를 통해 일어나는 경우가 많다. 참으로 안타까운 일이 아닐 수 없다. 만약에 군 선배가 군대에서 전역한 지 얼마 되지도 않았는데 재무상담을 해준다면서 찾아와 보험상품을 판다면? 상식적으로 불과 몇 개월 만에 금융 전문가가 되어 전체적인 재무상담을 할 수 있을까. 의심해 볼 필요가 있다.

　개인이 직접 돈을 받아가면서 수익을 보장할 경우에도 사기일 가능성이 높다. 어떤 보험설계사는 보험료를 자신의 통장으로 입금시키라고 한다. 이럴 때 무턱대고 입금했다가 설계사가 제때에 보험료 납부를 처리하지 못해서 어떤 경우는 보험의 효력을 상실할 수 있다. 또한 보험료를 설계사 자신의 통장으로 받아 가로채는 사건도 발생한다. 보험료 납입을 제때에 하지 못했다면 보험사의 가상계좌를 받아 입금하면 된다.

　앞서 B 씨의 사례에서도 언급했지만 금융상품에 가입할 때는 자필 서명이 중요하다. 바쁜 고객 사정 때문에 간혹 설계사가 빈 청약서를 가지고 와 서명부터 하게 하는 경우도 있다. 하지만 자필 서명은 보험에 대한 확신이 섰을 때 해야 한다. 고객이 서명한 이상 보험 계약 내용이 설명된 부분과 달리 체결됐어도 보험사에서는 고객의 이의제기를 받아들이지 않는다. 이럴 경우 보험설계사만 믿었던 계약자는 어이없는 피해를 볼 수 있다.

　만약에 설계사가 한 회사의 특정 상품만이 최고라고 강조한다면? 우리가 컴퓨터를 사거나, 자동차를 살 때를 생각해 보자. 여러 회사의 상품을 충분히 비교한 후 판단을 내린다. 저축 기간이나 목표 금액 등 정확한 재무 목표를 떠올려보고 목적에 맞지 않은 상품이라면 과감히 거절해야 한다. 이런 목적 없이 지인을 통해 한 가지 상품에 저축액의 전액을 납입하는 실수를 범해서는 안 된다.

원금 보장도 되고 수익도 얻을 수 있다는 말을 경계해야 한다. 일정 금액 이상을 맡길 때, 원금 보장도 되고 이익을 주는 투자상품은 예금이나 원금 보장 ELS를 제외하고는 있을 수 없다. 더군다나 금융에 전문지식이 없는 일반인의 경우 금융상품에 대해서는 자세히 알 수 없다. 그러므로 확정 수익을 보장한다고 할 때 어떤 회사에서 자금을 어떻게 운용하는지, 과연 금융 당국의 허가를 받은 회사인지 등을 면밀히 검토해야 한다.

끝으로 툭하면 '보험 갈아타기'를 권하는 설계사들이 있다. 리베이트나 수수료를 준다면서 다른 고객을 소개해 달라는 설계사, 보험사를 자주 옮기는 설계사 등은 경계하길 바란다.

02
CHAPTER

보험은 불안감을 싣고

"고객님, 내일 당장 어떻게 될지 사람 앞일은 아무도 모릅니다. 자녀들이 아버지를 잃는다고 생각해 보십시오. 아버지만 잃겠습니까? 어머니가 생계에 뛰어들면 어머니까지 함께 잃는 셈입니다."

"백세시대가 축복이라고 하는데 돈 없이 백 세까지 산다고 생각해 보십시오. 끔찍하지 않습니까? 그러다가 덜컥 아프기라도 하면요? 노후는 고객님이 생각하는 것 이상으로 길고 노후의 질을 보장하려면 보험이 꼭 필요합니다."

"아이들 사랑하시죠? 고객님 목숨보다 더 사랑하는 아들딸인데 왜 아들딸을 위한 생명보험은 들어놓지 않으셨어요. 아이들 안전하게 키우고 싶으시잖아요."

아직도 종신보험을 팔기 위해서 고객에게 이런 멘트를 아무런 거리낌 없이 들려주는 설계사들이 있다. 어떤 설계사들은 위에 열거한 문장보다 더 세고 독하게 불행을 경고하기도 한다.

: 공포마케팅에 속지 말라 :

이들이 이렇게 위협적인 말로 보험에 가입할 것을 권유하는 이유는 뭘까? 답은 하나다. 고객에게 겁을 주고 위협을 주는 것이 실제 보험 영업에서 효과를 발휘하기 때문이다. 조금도 효과가 없다면 설계사들이 이런 말을 하고 다닐 이유가 없다.

이렇게 인간이 원천적으로 느끼는 공포와 불안감을 세일즈에 있어 적절하게 이용하는 기술을 '공포마케팅'이라고 한다. 보험 영업이야말로 공포마케팅의 장이라고 해도 과언이 아닐 정도로 고객의 공포와 불안감을 자극하는 경우가 비일비재하다. 그도 그럴 것이 보험과 불안감은 떼려야 뗄 수 없는 관계에 있기 때문이다. 혹시나 미래에 일어날지도 모르는 사고와 질병에 대비해야 한다는 불안감이 없다면 애초에 보험이라는 개념 자체가 성립될 수 없다.

일어날지, 일어나지 않을지 알 수 없는 미래의 일로 불안감을 자극하고 겁을 줘서 보험상품에 가입하도록 하는 게 말처럼 쉬운 일일까. 언뜻 생각해서는 얼토당토 않은 방법인 것 같지만 의외로 많은 사람이 이 공포마케팅에 휘둘린다. 그럴듯한 통계와 수치를 가져와서 화려한 언변을 동원하면 '혹시, 나도?' 하는 생각이 들기 때문이다.

최근 보험설계사들이 공포마케팅을 가장 적극적으로 활용하는 분야는 바로 노후다. 이제는 백세시대라는 단어가 더는 낯설지 않다. 여기에 은퇴 시기는 갈수록 당겨지고 노후는 길어지면서 어떻게 하면 노후의 질을 높일지에 사회적인 관심이 쏠린다. 이러한 시류에 편승해서 보험사들은 노후 관련 상품을 잔뜩 내놓았다. 100세 보장을 앞세워 마케팅을 하고 있는 상품은 생명보험사와 손해보험사, 증권사들까지 합치면 200여 개가 넘는다.

두 번째로 공포마케팅이 성행하는 상품은 어린이보험이다. 근래 어린이보험은 아이가 뱃속에 있을 때부터 보장이 시작된다. 만혼이 늘어나면서 노산 역시 흔해지고 있기 때문이다. 보험회사들은 선천적인 질병을 갖고 태어났을 경우를 대비해서 태아가 16주에서 22주 사이일 때 태아보험에 가입하라고 권한다. 태아보험의 선천성 특약 등 몇 가지는 22주가 지나면 가입이 불가능하기 때문에 이에 대비해 미리 준비하라는 것이다. 여기에 어린이 사망 원인 중 하나인 백혈병이나 소아암 같은 경우도 평균 치료비가 5천만 원 이상 들어가는 것을 고려해 되도록 생명보험과 손해보험을 함께 가입해 두라고 한다. 이렇게 태아보험, 어린이보험에 가입해 두면 아이가 100세가 되었을 때까지 각종 사고와 질병을 보장받을 수 있다고 보험회사는 주장한다.

모든 부모에게 자식은 각별한 존재다. 하지만 부모들의 애정을 이용해서 도를 넘어선 공포마케팅을 펼치는 것은 문제가 있다. 심지어 2014년에 있었던 세월호 참사를 마케팅에 이용했다가 비난을 산 설계사들도 있다. '남의 일이 아닐 수도 있으니 대비하라'는 말과 함께 보험에 가입할 것을 권유했는데 이쯤 되면 이것은 마케팅이 아니라 협박에 가깝다.

암보험 역시 공포마케팅의 대상이 되고 있다. 통계만 놓고 보면 우리나라의 성인 남녀 세 명 중에 한 명은 걸린다는 암. 중대한 암일 경우 환자 본인도 힘들지만 치료비가 많이 든다. 그래서 암보험 광고는 암환자 때문에 가정경제가 휘청거리는 우울한 장면을 자극적으로 보여주는 것이 보통이다. 광고를 보면서 누구나 한 번쯤은 '그냥 광고일 뿐이지.' 하면서도 도가 지나치다는 생각을 했을 것이다.

: 이에는 이, 눈에는 눈, 공포에는 이성 :

"노후보장 보험에 들어놨으니 노후는 걱정 없겠죠? 몸이 아프거나 생활에 쪼들려서 자식들 걱정시킬 일 없다고 생각하니까 안심이에요."

"흉흉하다 보니까 아이들 대상으로 한 범죄가 엄청 많잖아요? 뉴스 보기도 무서워요. 보험 들기 전하고 비교하면 이제 좀 마음이 놓여요."

공포마케팅이 갈수록 진화하는 이유는 이 방법이 세일즈에 어느 정도는 도움이 되기 때문이다. 실제로 공포마케팅에 설득돼 보험에 가입한 다음 이제 안심이라고 말하는 소비자들이 있다.

그런데 뭔가 좀 이상하지 않은가? 보험은 사건이나 질병이 발생한 후에 문제를 해결하는 데 드는 비용을 대신 보장해 주는 시스템이다. 사건사고가 일어나지 않도록 막아주는 예방책이 아니며 불안한 미래로부터 우리를 구원해 줄 만능책도 아니다. 또 정말로 자녀가 유괴나 납치를 당하는 사건이 벌어졌다고 해보자. 보험금을 청구하기 위해서는 악몽 같은 사건의 기억을 다시 떠올려야 하며 같은 진술을 여러 번 반복해야 한다. 그런 상황에서 이성적으로 보험금을 받아낼 수 있는 부모가 얼마나 될까. 그럼에도 사건사고에 대한 공포와 불안이 너무 강하기 때문일까. 의외로 많은 소비자들이 공포를 자극하는 보험 마케팅에 이성적으로 대응하지 못한다.

D 씨도 보험설계사의 말만 듣고 노후 준비를 위해 값비싼 보험에 가입한 것을 후회했다. D 씨는 회사원으로 월급이 300만 원가량이고 공무원인 부인은 250만 원 정도다. 이들에게 보험설계사가 다가와서 노후에 대비하려면 최소 10억 원 정도는 필요하다는 말을 했다. 설계사는 또, 지금부터 할 수 있는 한 최대한 많은 금액을 투자해야 물가 상승에도 대비할 수 있다고 했다. D 씨 부부는 큰마음을 먹고 변액유니버셜 보험에 각각 한달 100만 원씩 가

입했다. 나머지 여유 자금도 여러 가지 펀드에 나누어 투자했다. 그런데 상황이 부부가 기대했던 것과 정반대로 흘러갔다. 펀드는 원금 손실을 보고 있었다. 그러나 아까워서 환매를 못하고 있다. 게다가 부부가 각각 매달 100만 원씩 납입하는 보험료도 그 액수가 점점 더 버거워졌다. 결국 이 부부는 보험에 가입한 지 일 년 만에 해약을 하고 말았다.

왜 무리해서 보험에 가입했느냐는 말에 D 씨와 그의 아내는 이렇게 말했다.

"보험 광고를 보면 어서 노후를 준비해야겠다는 생각이 들어요. 그런데 지금 벌어서 쓰는 것도 빠듯해서 여유가 없잖아요. 뭐랄까, 내가 잘못하고 있다는 느낌이 들고 내 자신이 무능력한 게 싫었어요. 그래서 뭐라도 하자 싶어서 보험에 가입한 거죠."

D 씨의 말 속에 보험회사들이 내놓은 노후 준비 상품들의 허점이 그대로 드러난다. 골프를 취미생활로 즐기고 해외 여행을 다니며 호화롭고 여유로운 노년을 보내는 광고 속의 모델들을 떠올려보라. 광고 모델과 같은 삶이 가능한 사람들은 서민과 중산층이 아닌 부유층이다. 애초에 보험사가 내놓은 노후 준비 상품들은 대부분 부유층을 위한 것이라고 봐야 한다. 보험사들은 미리부터 경제 침체가 장기화되고 소득이 양극화될 것을 알고 있었다. 그래서 구매력이 있는 부유층을 상대로 멋진 광고, 그럴 듯한 노후의 이미지를 보여주며 보험상품을 팔았다.

그 대신 중산층과 서민층 소비자들에게는 공포와 불안을 자극하는 방법으로 마케팅을 펼쳤다. 멋진 노년을 보내고 싶거든 2, 30대 때부터 최대한 많은 돈을 노후 준비에 투자하라고 종용하는 것이다. 그런데 그냥 상품 설명만 해서는 소비자를 설득할 수가 없다. 그래서 이들은 노후 자금 규모를 뻥튀기한다. 물가상승률은 최대한 높게 잡고 투자수익률은 아주 낮게 잡는 것이다.

"노후 대비하는 게 이렇게 어렵습니다. 평균 10억 정도는 있어야 한다고요."

무턱대고 이렇게 말하는 설계사들은 개개인의 지출 규모와 라이프스타일, 소득에 대해서는 고려하지 않는다.

따라서 고객은 이에는 이, 눈에는 눈, 공포에는 이성으로 대처하자. 우선 노후의 공포를 극복하기 위한 방법은 무엇일까. 제일 먼저 은퇴와 퇴직의 개념을 분명히 해야 한다. 일반적으로 퇴직이 곧 은퇴라고 생각하는데 이는 잘못된 생각이다. 퇴직했다고 해서 영원히 은퇴하는 것은 아니다.

우리의 노후는 길다. 골프, 등산, 크루즈 여행으로 그 긴 노후를 채울 수 없다. 노후 준비 자금을 무리하게 준비하는 사람이 있는가 하면 자기계발을 멈추지 않는 현명한 사람들도 있다. 이들은 퇴직 후에 다른 일을 하기 위해 두 번째 인생을 설계한다. 직업을 바꾸어서 한 달에 백만 원을 받더라도 보람을 느끼며 살 수도 있다. 실제로 일을 하는 노인은 그렇지 않은 노인보다 더 큰 행복감을 느낀다는 연구 결과도 있다.

그래도 노후가 불안하거든 한 달에 백만 원 이상을 저축하자.

월 수익의 30%를 저축한다고 생각해도 좋다. 하지만 이렇게 해서 노후 자금 10억 원을 모을 수 있다고 기대해선 안 된다. 직접 실천해 보면 알겠지만 현실적으로 쉽지 않다. 소득은 많지 않은데 주택자금 대출, 생활비, 자녀교육비 등으로 지출이 날로 늘어나기 때문이다. 다만 이렇게 한 달에 백만 원 이상, 월 수익의 30%를 저축한다는 마음가짐으로 지출을 통제하는 것이, 무리해서 보험에 가입하고 펀드에 투자하는 것보다 훨씬 현명한 선택이다.

또 다른 공포마케팅의 대상인 자녀들에 대해서는 어떻게 대처해야 할까. 우선 자녀의 질병에 대해서는 불안하다고 해서 무턱대고 보험에 들 게 아니라 가족력을 따져보자. 많은 질병이 유전에 영향을 받는다. 이런 최소한의 고민 없이 보장 범위가 큰, 비싼 보험을 구매했다가 일 년도 안 돼서 해약하면 손해가 이만저만이 아니다.

그래도 자녀를 위해 보험에 들고 싶다면 우리 아이에게 꼭 필요한 보장으로 최소한의 금액으로 가입 가능한 상품을 찾아보자. 보험에 낼 돈을 조금이라도 아껴서, 아낀 만큼 저축을 하자. 결국은 똑같은 액수의 돈이라도 더욱 유용하게 쓸 궁리를 해야 한다. 여러분이 아끼고 사랑하는 자녀를 진정으로 위한다면 말이다.

마지막으로 암에 대한 불안에 대처하는 방법을 알아보자. 필자가 출연한 모 방송에서 패널로 출연한 암 전문의에게 이런 질문을 던졌던 적이 있다.

"선생님, 암을 치료하는 데 보통 얼마나 들죠?"

"보통 얼마 그런 건 없어요. 돈 많으면 최신 치료받는 거고 돈 없으면 싸고 오래된 방식의 치료를 받는 거죠."

그럼에도 고객들은 부모와 가족의 병력을 이야기하며 암보험에 하나 더 들어야 불안하지 않을 것 같다고 한다. 이와 비슷한 이야기를 들을 때마다 필자는 이렇게 말한다.

"보험설계사들에게 그런 얘긴 절대로 하지 마세요. 지금 수준으로도 충분합니다. 차라리 암보험에 가입할 5만 원으로 1년짜리 적금에 가입하세요. 만기되면 그 돈으로 건강검진 꼭 받으시고요."

실제로 50~60만 원 정도면 내시경에 초음파 검사에 CT촬영까지 해 주는 건강검진 전문병원들이 많다. 차라리 조기에 발견해서 치료받는 게 치료비도 아끼고 훨씬 합리적이다. 명심하자! 보험은 사고나 질병을 막아주는 방패가 아니라 금전적인 손실을 최소화 시켜주는 도구일 뿐이다.

03
CHAPTER

보험설계사, 그들이 사는 세상

2012년 당시 36세의 나이에 연 소득 7억이라는 모 보험회사 지점장의 성공 스토리가 책으로 출간되어 화제가 된 적이 있다. 3년이 지난 지금, 그 책은 검색을 해도 찾을 수 없다. 그가 이룬 화려한 성공으로 2012년까지만 해도 업계를 떠들석하게 했던 책인데 지금은 자취를 감추었다.

지금도 많은 보험설계사들이 앞서 말한 책의 저자처럼 보험상품을 팔아서 보험왕에 오르거나 화려하게 성공하길 꿈꾼다. 꿈이 있고 목표가 큰 것은 좋은 일이다. 그런데 오직 성공만을 목적으로, 성공지상주의에 사로잡힌 사람은 굉장히 위험하다. 성공을 위해 수단과 목적을 가리지 않기 때문이다.

그렇다면 보험설계사들이 말하는 '성공'의 기준은 무엇일까?

그들은 어떤 꿈을 꾸면서 영업을 하는 것일까. 결론부터 말하자면 일부 위험한 보험조직은 사이비 종교집단과 그 성격이 거의 같다고 보면 된다. 설계사들은 맹목적으로 교리를 따르는 광신도나 마찬가지다. 맹목적인 신앙심의 발로는 성공인데 여기서 말하는 성공이란 모두가 짐작하듯이 바로 '돈'이다.

: 잘나가는 설계사를 조심하라 :

이쯤에서 독자들이 궁금해 할 법한 정보를 하나 알려주겠다. 설계사가 10만 원짜리 종신보험 상품을 하나 팔았을 때 과연 얼마의 돈을 벌 수 있을까? 보험회사에 따라서 다르지만 적게는 8배, 많게는 15배의 수당을 설계사가 받아간다. 즉, 80만 원에서 150만 원의 수당이 지급된다는 뜻이다. 원래는 보험료가 납입되는 기간에 따라서 수당도 오랜 기간 걸쳐서 지급해 주어야 한다. 하지만 계약이 유지된다는 가정하에 1년 내에 30~60% 정도를 지급하고 2, 3년 차에 남은 금액을 수당으로 지급하는 것이 통상적이다. 5~6년 전만 해도 수당을 소비자가 상품을 계약한 바로 다음 달에 지급 해 줬지만 지금은 대부분의 보험사가 3년에 걸쳐서 수당을 지급한다.

어쨌거나 10만 원짜리 종신보험을 한 달에 10개쯤 판다면? 설계사에게 총 지급되는 수당은 8백~1,500만 원 정도가 된다. 지금

휴대전화의 연락처를 뒤져보라. 친한 친구, 선배, 후배, 가족이 최소한 열 명은 있지 않은가? 이들이 종신보험을 하나씩 계약해 주고 더 나아가 친한 친구, 선배, 후배, 가족을 소개해 준다면? 연봉 1억은 꿈 같은 이야기가 아니다.

"이것 봐. 자네도 이렇게 될 수 있어. 억대 연봉이 남의 이야기가 아니라니까?"

필자에게도 모 생명보험사의 지점장이라는 사람이 자신의 지점에 합류를 권유한 적이 있다. 그는 자신의 일 년 치 월급 통장을 스스럼 없이 보여주었다. 적게는 천만 원에서 많게는 몇천만 원까지 입금액이 명시되어 있었다.

"내가 노하우를 전수해 줄게. 나처럼만 하면 자네도 이렇게 벌 수 있어."

그는 큰 소리로 호언장담했다.

"뻥이 아니고 내가 말이야, 고객한테 소금까지 맞아봤어. 그렇게 지독하게 영업을 하니까 이만큼 버는 거야."

보험설계사들은 자신의 경험을 영웅담처럼 늘어놓는다. 그는 돈이라는 종교의 아주 신실한 신자처럼 보였다. 동시에 많은 설계사들이 저런 말에 현혹돼서 광신도의 길을 가겠구나 하는 생각이 들었다.

이렇게 해서 보험설계사가 되고 보면 그들은 '3W'라는 용어를 제일 먼저 접하게 된다. 보험설계사라면 누구나 알고 있는 이 단어, 과연 이게 뭘까? 3W는 1주당 3건의 계약이라는 뜻이다. 이러한 3W가 몇 주째 끊어지지 않고 이어지느냐에 따라서 영업 능력이 판가름 난다. 정말 잘나가는 보험설계사의 경우엔 3W가 백 주넘게 이어지는 경우도 있는데 이런 사람들은 그들 사이에서 신과 같은 존재가 되어 선망의 대상이 된다. 영업 능력이 좋은 게 뭐가 문제가 되느냐고? 오히려 열심히 일하는 사람을 본받아야 하는 것 아니냐고 반문할 수 있다.

　영업을 열심히 하는 것, 그 자체는 당연히 문제가 아니다. 하지만 이렇게 비현실적인 영업 실적을 쌓기 위해서는 부작용이 따를 수밖에 없다. 3W를 해야 하는 이유부터가 철저히 '나를 위해서' 가 된다. 3W의 원래 취지는 아마도 지속적인 영업 활동과 꾸준한 성과라고 하겠지만 결국 설계사의 수익과 직결된다. 한번 생각 해 보라. 제 아무리 인맥이 넓고 영업 능력이 좋은 사람이라도 일주일에 3건을 백 주씩 이어가는 것은 불가능에 가까운 일이다. 안 될 계약도 무리하게 밀어 붙여야만 가능하다.

　예를 들면 이렇다. 3W에만 목매는 설계사는 고객의 재정 상황을 조금도 고려하지 않는다. 아무리 어려운 사람도 최소한 5만 원 짜리 상품에는 가입할 수 있기 때문이다. 보험료를 낮게 맞추다보면 보장내용이 부실할 수도 있다. 하지만 그것 역시 신경 쓰지 않는다. 여유가 있으면 더 좋은 보험에 들 수 있는데 고객은 돈이 없지 않은가. 돈이 없는 고객의 문제지 내 탓이 아니라고 생각하면 그만이다.

　"고민을 좀 더 해 보고 연락드릴게요."

"이번 달은 어렵고 다음 달에 가입할게요."

만약에 거의 설득된 것 같은 고객이 이렇게 말한다면? 설계사들은 절대 당황하지 않는다. 이러한 상황에 대처하기 위해서 이른바 '거절처리' 교육을 따로 받았기 때문이다. 일반인이 설계사들을 따돌리려고 해도 쉽지 않은 것은 이런 이유에서다.

"첫 달 보험료는 제가 대신 내드리겠습니다."

돈이 없다고 하면 설계사의 열이면 열이 이렇게 말한다. 보험을 권유하는 사람이나 가입하는 사람이나 관행처럼 알고 있는 것이 '첫 달 보험료 대신 내주기'다. 왜 그토록 많은 설계사들이 첫 달 보험료를 대신 내주겠다고 하는지 이제 이해가 갈 것이다.

만약에 규칙적이고 부지런한 영업 활동을 목표로 삼는 사람이라면 그토록 3W에 목매지 않을 것이다. 일주일 3건 계약이 아니라 일주일 3번 미팅을 철칙으로 삼아야 하지 않을까. 영업을 성실히 하고 여러 사람을 만나는 것을 목표로 해야지 계약 그 자체를 목표로 삼지 않아야 할 것이다.

3W 기록이 길어지면 길어질수록, 점점 주변의 설계사들로부터 떠받들여지고 추앙을 받는다. 연봉도 같이 올라간다. 이런 설계사들에게 목표는 단 하나다. 계속해서, 쉬지 않고 상품을 파는 것이다. 그러니 고객들은 한 가지 사실을 기억해야 한다. 맹목적인 보험설계사들이 원하는 것은 오직 판매다. 이런 설계사들은 당신의 고단한 삶에는 관심이 없다.

이뿐만 아니라 이들은 언변이 화려하지만 정작 보험에 관한 전문지식은 부족한 경우가 많다. 보험설계사가 되려면 무엇이 필요할까? 학력? 자격증? 공식적으로 보험설계사가 되기 위해서 갖추어야 할 조건은 아무것도 없다. 보험회사는 이들에게 열정과 끈기만 있으면 된다고 말한다. 여기에 인맥이 있다면 무조건 합격이다.

보험설계사로 취업하는 데는 객관적인 데이터보다는 개인의 성향이 중요하다. 나쁘지 않은 인상, 말투, 행동이면 충분하다. 이러다 보니 단기 직업 군인들이 보험설계사로 취업을 하는 경우가 많다. 군대에서 배운 예절, 사람을 대하는 태도, 군생활을 통해 크든 작든 형성된 인맥, 여기에 당장에 먹고 살 길이 막막한 절박함까지. 4박자가 고루 갖춰진 것이다.

그런데 보험상품이라는 것은 굉장히 어렵고 까다롭다. 금융적인 내용은 물론 법적인 영역도 포함되기 때문에 일반적인 소비자들이 이해하기 어려운 게 당연하다. 이러한 소비자들을 위해서라면 보험설계사는 상당히 높은 수준의 지식을 갖추어야 한다. 그러나 현실은 그렇지가 못하다. 그저 회사에서 일러준대로 가입을 권유하면 되고, 대신 해서는 안 될 행위만 안 하면 되는 것이 현실이다. 설계사 본인은 회사에서 좋다고 하는 보험이 진짜 좋은지 나쁜지는 판단하거나 분석해 볼 필요가 없다. 이 상품이, 이 권유가 진짜 고객에게 좋은 것일까를 고민하는 순간부터 영업은 꼬이기 시작한다. 오히려 단순하고 부지런하면 그들의 성공궤도에 안착하기 쉽다.

: 믿을 만한 설계사 알아보는 법 :

　지금까지 보험설계사들의 현실을 낱낱이 파헤쳐 봤다. 하지만 이 글이 설계사들을 비난하기 위한 것은 아님을 분명히 밝혀둔다. 보험설계사들이 무리해서 영업을 할 수밖에 없는 것은 그들의 처한 환경의 문제 때문이기도 하다. 고객이 먼저 보험에 가입하고 싶다고 하면서 알아서 연락을 준다면 얼마나 좋을까. 그러나 현실은 그렇지 않다. 그들 역시 힘겨운 현실에 내몰리면서 비상식적인 방식으로 영업을 하고 있다고 봐야 한다.

　현실이 이렇게 복잡하므로 보험상품을 구입하려는 소비자들은 제대로 된 판단을 내릴 줄 알아야 한다. 그러기 위해서는 먼저, 보험상담에 대한 개념을 바로 잡을 필요가 있다.

　보험상담과 재무상담은 어떻게 다를까. 일반인들이 보기에는 결과적으로 둘 다 보험을 판매하니 똑같은 것이라고 착각할 수 있다. 그러나 보험상담은 재무상담 안에 속하나 보험상담은 재무상담이 될 수 없다.

　예를 들어 월급을 2백만 원 받는 29세의 신입사원이 아직 가입한 보험이 없다고 하자. 하지만 그는 학자금대출 상환 및 부모님 병원비에 허덕이고 있다. 보험상담사는 그에게 의료실비에 특약으로 3대 진단비가 지급되는 상품에 가입하라고 권유할 것이다. 하지만 재무상담사는 만 원 안팎의 최소한의 단독의료실비에만 가입하고 몇만 원이라도 더 아껴서 빚을 갚고 부모님 간호에 힘쓰라고 할 것이다.

단순하게 살펴봐도 재무상담이 보험상담보다 넓은 영역을 다룬다는 것을 알 수 있다. 대부분의 재무상담이 보험상담과 달리 유료로 이루어지는 이유이기도 하다. 또한 고객에게 상담료를 받으니 상품 판매에 얽매이지 않고 객관적인 조언을 할 수 있다. 허나 중요한 것은 상담료가 무료인가, 유료인가가 아니라 상담사의 자질이다. 진정 고객을 위하는 마음을 가진 상담사를 만나야 한다.

또 한 가지 명심해야 할 사항이 있다. 좋은 게 좋은 거라고 친분이나 믿음직한 인상에 끌려 그들이 하는 말을 전부 믿어서는 안 된다. 가까운 예로 보험설계사들이 고객에게 제일 많이 듣는 질문이 있다.

"이거 가입하고 나중에 관리는 어떻게 해 주나요?"
"팀장님 그만두시면 관리는 누가, 어떻게 해 주나요?"
보통의 설계사들은 이렇게 대답한다.
"당연히 평생 관리해 드리죠."
"그만두다뇨? 이게 제 직업인데 그만둘 리 없잖아요. 회사가 망할 때까지 다닐 겁니다."

고객에게 성실하고 믿음직한 인상을 주고자 이렇게 대답을 하는데 조금만 생각해 보면 이런 대답은 모순 덩어리다.
이런 대답이 허무맹랑하다는 것은 당장 2013년 4월에서 12월까지를 기준으로 한 금융감독원 공시 자료만 봐도 알 수 있다. 보험설계사로 입사해 1년 이상 정착해 일하는 비율은 생명보험사 35.7%, 손해보험사의 경우 43.7%에 불과했다. 약 60%의 보험설계사가 1년을 버티지 못하고 회사를 떠나는 셈이다. KB생명(13개월차 정착률 10.7%), 하나생명(13개월차 정착률 8.6%) 등 중하위권 보험사들의 보험설계사 정착률이 특히 낮은 것으로 드러났다.

"제가 할 수 있는 한 최대한 관리해 드리면서 누군가의 도움 없이 스스로 관리하실 수 있도록 제가 만들어 드리겠습니다."

만약 이렇게 대답하는 설계사가 있다면 공수표를 남발하는 설계사보다 훨씬 믿음직스럽지 않을까. 평생 관리해 주겠다는 것이 설계사 본인의 진심이라고 해도 그것이 진실인가 하는 것은 별개다. 따라서 설계사의 말이 진심같이 느껴지고 정말 신뢰가 가더라도 과연 실현 가능한가는 소비자가 판단해야 할 몫이다. 과도한 영업 경쟁과 보험상품의 홍수 속에서 피해를 입지 않으려면 소비자 개개인이 냉철한 이성을 갖추어야 한다.

04
CHAPTER

단골 은행 김 차장을 믿었는데

E 씨는 건강보다 신용에 더 자신 있는 대기업 직장인이다. 그는 신용 등급 1등급에 연봉 7,200만 원을 받는다. 급여 이체를 받고 있는 주거래 은행에 적금 상품만 무려 5개를 들어놓은 상태였다. 이뿐인가. 신용카드도 세 개나 만들었다. 갑자기 현금이 급해진 그는 제일 먼저 주거래 은행을 찾아갔다. 오랜 시간 믿고 거래한 만큼 저렴한 금리로 마이너스 통장을 만들 수 있을 것이라고 믿었다. 그런데 평소 은행에 들를 때마다 웃는 낯으로 친절하게 대해 주던 김 차장의 입에서 나온 대답은 실망스러웠다.

"금리가 6%라구요?"

"요즘 금리가 그렇습니다. 다른 은행에 가셔도 그렇고요. 대개 6, 7% 수준이에요."

오랫동안 거래한 은행이고 다른 은행을 알아보고 다니는 것도 귀찮은 일이었다. 그대로 단골 은행에 마이너스 통장을 개설할까 하는데 어쩐지 꺼림칙했다.

"조금만 더 고민해 보고 올게요."

E 씨는 그렇게 말하고 은행을 나섰다.

그리고는 혹시나 하는 마음에 점심시간마다 회사 근처의 다른 은행에 들러 상담을 했다.

"금리가 5%라구요?"

단 한 번도 거래한 적이 없는 은행에 가서 별 기대 없이 상담을 청했던 E 씨는 놀라지 않을 수 없었다. 금리를 낮게 부르는 은행에서는 고객 확보를 위해 인터넷을 이용한 다이렉트 대출 상품을 판매하고 있었다. 보통 시중 은행 영업점에서 마이너스 통장을 개설하면 연 6~7%대의 금리로 이자를 납입해야 하는데 그곳에서는 연 4.5~5%대의 낮은 금리로 대출받을 수 있었다.

"이자뿐만 아니고요, 고객님. 각종 수수료 면제와 감면 혜택들 또한 기본 혜택으로 제공해 드립니다. 이제부터 저희 은행 자주 이용해 주십시오."

은행 직원의 친절한 설명을 들은 E 씨는 시간을 내서 금리를 비교해 보길 잘 했다는 생각이 들었다.

F 씨도 주거래 은행에서 황당한 일을 겪었다. F 씨는 직업 군인 부사관으로 임관한 지 3년째다. 실수령 140만 원 정도의 소득에

서 고정저축은 90만 원. 아무래도 돈 쓰기 좋아할 나이의 미혼 남성 치고는 나쁘지 않은 수준이었다. 저축 내역을 살펴보니 공제회 10만 원, 적금 40만 원, 연금 30만 원, 청약 10만 원에 각각 가입되어 있었다.

군인들에게는 직업의 특성상 관사가 제공된다. 그러므로 군인들이 전세나 자가 등 주거 문제와 맞딱뜨리는 시기는 대개 자녀가 중고등학생이 되어 정착이 필요한 40대 중후반쯤이다. F 씨는 적은 금액으로 청약을 꾸준히 유지해 목돈을 만들어야겠다고 생각했다.

그는 저축 상품에 가입하기 위해서 단골 은행에 찾아갔다. 그런데 임관 후 돈 관리는 부모님이 대신했기 때문에 아무런 금융지식이 없었다. 그러던 중에 K은행에서 내놓은 군인우대적금이라는 상품이 눈에 띄었다. 5%의 높은 이자를 준다고 하니 망설일 이유가 없었다. F 씨는 매달 얼마 정도 저축할 것이냐는 은행 직원의 질문에 80만 원은 가능하다고 했다. 그렇게 해서 F 씨는 은행 직원에게 권유받은 대로 연금 30만 원, 주택청약 10만 원, 군인우대적금에 매달 40만 원을 납입하기로 했다.

"이 연금은 은행상품이 아니라 은행에서 대신 판매하는 보험상품이에요. 수수료를 떼고 저축이 되기 때문에 실제 이율만 놓고 보자면 공제회보다도 훨씬 낮은 이자를 받게 됩니다."

필자의 말을 들은 F 씨는 그럴 리가 없다고 하며 고개를 내저었다. 분명히 은행에서 가입한 상품이라는 것이다. F 씨는 당장, 휴대전화에 찍힌 인출 내역을 확인해 보았다. 문자에는 'K*LIFE은행 공동 CMS 300,000원'라고 적혀 있었다. K은행상품이라 생각했던 연금은 사실 은행에서 위탁판매를 하는 방카슈랑스였다. 계열사인 K생명보험사의 연금보험이었던 것이다.

: 주거래 고객이 기가 막혀 :

"수수료가 면제돼서 좋아요."

"적금 들 때나 카드 만들 때 편하죠. 늘 하던 데서 하니까요."

주거래 은행의 장점에 대해서 소비자들은 주로 이 두 가지를 꼽는다. 맞는 말이다. 특히 수수료 면제는 주거래 고객의 가장 큰 혜택이다. 4대 시중 은행의 최상 등급 주거래 고객은 영업시간 외 ATM(현금입출금기) 수수료, 타행 이체 수수료, 자기앞수표 발행 수수료 등 거의 모든 은행 수수료를 면제받을 수 있다.

그뿐만 아니라 증권, 보험, 카드사와 같은 계열사들이 은행과 동일한 수준으로 수수료를 면제해 주고 연회비 또한 면제해 주는 경우가 많다. 여기에 은행 VIP창구를 통한 상담, 전용 핫라인으로 전화 상담 등의 특별한 서비스를 제공하며 환전 수수료도 30~50%가량 감면받을 수 있다. 이렇듯 주거래 고객 제도를 잘만 이용하면 주거래 고객으로 선정된 소비자는 금융 거래를 할 때 이것저것 따져야 하는 시간적, 정신적 낭비를 줄일 수 있다.

그러나 앞에서 살펴본 E 씨의 사례처럼, 고객은 은행에 일편단심인데 은행들은 고객의 충성심에 보답하지 않는 경우도 많다. 이렇게 은행들이 주거래 고객을 외면하고 도도해진 이유는 뭘까? 가장 큰 이유는 금융 환경의 변화에 있다. 우선 몇 년 전만 해도 은행의 판매 채널하면 오프라인이 전부였다. 그런데 이제는 스마트폰 및 인터넷 등 시장이 온라인까지 확대됨에 따라서 금리와 혜택이 은행별로, 또는 상품별로 매우 다양하게 나뉜다. 특히 인터넷을 이용한 다이렉트뱅킹을 운영하는 은행의 대출 금리가 낮은 편이다. 영업점 운영비 및 인건비 등의 판매 관리비를 아낄 수 있기 때문에 공격적이고 파격적인 마케팅이 가능하다. 영업에 드는 비용을 아껴서 고객에게 돌려주는 것이다.

은행 간의 경쟁이 치열한 것도 하나의 원인이다. 은행과 비슷한 예로 카드사나 통신사를 떠올리면 이해가 빠를 것이다. 시장은 포화 상태인데 업체간 경쟁이 치열하기 때문에 똑같은 상품을 두고도 가격과 혜택이 천차만별이다. 금융 시장 역시 포화되고 있는 가운데 시중 은행 간 경쟁이 매우 치열하다. 다른 은행을 이용하는 고객을 뺏어 와야 실적을 만들 수 있다.

그렇다면 은행은 어떤 기준을 근거로 주거래 고객을 지정하고 혜택을 주는 것일까. 은행마다 주거래 고객을 선발하는 기준은 따로 정해져 있다. 이른바 '주거래 고객 등급제'가 그것이다. 은행은 보통 일 년에 4차례 주거래 고객을 선정하거나 등급을 갱신한다. 선정·갱신일로부터 향후 6개월간 혜택을 준다. 등급 선정 시 점수화되는 항목은 예금·적금·대출·카드 사용의 실적, 환전 실적, 공과금 자동이체, 급여이체 등이다. 여기서 말하는 거래 실적은 지난 3개월간의 것만 반영된다.

이렇게 주거래 고객으로 선정되는 것 자체가 쉽지 않은 일인데 주거래 고객이 되더라도 혜택을 보는 기간은 오래 가지 않는다. 3개월마다 심사하기 때문이다. 또 주거래 고객으로 선정되어도 최고 등급 회원이 아니면 혜택이 그리 크지 않은 것 또한 문제다. 주거래 고객이라고 해도 최하위 등급에 속할 경우 ATM 수수료도 50%만 면제해 주는 경우도 있다. 상황이 이러한데 평범한 서민 고객이 은행의 주거래 고객, 그중에서도 최고 등급 회원이 되려면? 서민으로서는 엄두도 내기 어려운 금액을 은행에 맡기거나 거액을 대출받아야 한다.

은행의 정책 또한 고객의 등급에 따라 일괄적으로 예금금리·대출금리를 우대해 주던 기존의 제도와 멀어지고 있다. 이제는 금융상품의 개별 조건에 따라 우대금리를 제공하는 추세다. 주거래 등급과 상관 없이 급여이체 건당 0.1% 포인트를 주거나 신용카드 신규 발급 시 0.2% 포인트를 주는 식으로 개별 거래 실적과 예금·대출 상품별로 우대금리를 적용하는 사례가 많다.

이렇게 일반 소비자들이 주거래 은행을 이용하는 데에는 장단점이 있다. 주거래 고객 등급제는 잘만 이용하면 좋은 제도인데 이것을 잘 이용하기가 쉽지 않은 것이다. 그렇다면 주거래 고객 등급제에 이용당하지 않고 역으로 잘 이용하는 방법을 소개하겠다.

만약에 주거래 은행에서 혜택을 보고 싶다면 이렇게 하라. 먼저 은행의 여러 금융상품에 분산해서 가입한 다음 주거래 고객에 선정될 수 있게 점수를 높여야 한다. 그런 이후에 증권이나 보험사, 카드사 같은 은행의 다른 계열사를 활용하자.

시중의 대부분의 은행은 정기예금과 정기적금, 주택담보대출과 일반대출 등 여러 가지 항목별로 점수를 주기 때문에 금융상품에 분산 가입하는 것이 도움이 된다. 또 계열사의 증권이나 보험, 카드를 많이 이용하면 그 역시도 거래 실적에 반영된다. 마지막으로 주민등록등본 등 서류를 들고 은행 창구를 방문해서 가족의 거래 실적을 합산해 주거래 등급에 반영해 달라고 하면 주거래 고객의 등급을 높일 수 있다.

마케팅 용어 중에 '체리 피커(cherry picker)'라는 단어가 있다. 접시 위에 신맛과 단맛의 과일이 한데 섞여 있을 때 신포도는 먹지 않고 달콤한 체리만 골라 먹는다는 뜻으로, 현명한 소비자를 일컫는 말이다. 자신은 손해 보지 않고 기업들이 내놓는 상품 중에 유리한 것만 골라서 취하는 똑똑한 소비자가 바로 체리 피커다.

이미 카드사와 통신사들은 체리 피커라 불리는 현명한 고객들 때문에 골머리를 앓고 있다. 은행권도 마찬가지다. 은행에 유리한 대로 만들어 놓은 제도를 역으로 이용하는 똑똑한 고객이 될 것인가, 아니면 은행의 의도대로 휘둘리는 수많은 고객 중에 한 사람으로 남을 것인가. 선택은 소비자의 몫이다.

05
CHAPTER

인터넷의 재테크 도사들

인터넷에서 재테크 정보를 얻는 것이 이제는 더 이상 새롭지 않다. 그만큼 많은 사람이 인터넷을 통해서 재테크 방법을 공유하고, 배우고 노하우를 전수한다. 이뿐만 아니라 온라인에서 뜻이 맞는 사람들은 오프라인에서 따로 만나 그룹을 만든다. 재테크 스터디를 하기도 하고 함께 투자를 해보는 등 온라인에서 얻은 정보를 현실에서 다양한 방법으로 직접 시도해 보는 것이다.

: 루머와 소문에 집착하는 사람들 :

과거에는 투자 정보를 증권사 직원, 펀드매니저, 기업 관계자들만이 공유할 수 있었다. 그런데 인터넷이 발전하고 활성화되면서 이제는 일반인들도 얼마든지 쉽게 접근하게 됐다. 특히 주식투자자나 부동산 투자자들은 그들만의 고급 정보를 찾아서 헤맨다. 이렇게 정보에 목말라 있는 사람들과 정보의 바다라고 할 수 있는 인터넷이 만난 것은 어찌 보면 당연한 일이다. 대부분의 사람들은 기업의 실적이나 가치를 분석해서 투자를 결정하는데 이에 못지않게 루머와 소문에 집착하는 사람들이 있다. 주가라는 것이 루머와 소문에 영향을 받으며 움직이기도 하기 때문이다.

이렇게 미디어에 정식으로 공개되지 않은 뒷정보를 얻고자 하는 사람들이 점점 늘고 있다. 정보를 쉽고 편하게, 무엇보다 공짜로 얻으려고 하는 사람들이 포털 사이트의 카페와 동호회에 몰려든다. 이 중 인기 카페는 회원 수 14만 명, 게시된 글은 16만 개 이상으로 무시할 수 없는 규모를 자랑한다.

그러나 인터넷 재테크 카페와 동호회는 장점이 많지만 단점 역시 많다. 어쨌거나 인터넷은 익명성을 바탕으로 하는 공간이기 때문이다. 잘못된 정보를 무책임하게 퍼나르고도 누구 하나 책임을 지지 않는다. 이로써 피해는 고스란히 이용자의 몫으로 돌아간다. 게다가 일부 사이트나 카페의 운영자들은 허위 정보를 제공하거나 입금을 요구한 후 갑자기 사라지기도 한다.

포털 사이트 네이버의 모 카페는 추천하는 종목마다 주가가 떨어지는 것으로 유명하다. 일부 회원들은 카페 운영자들이 회원들을 동원해 주가를 조작한다고 의심할 지경이다. 현재 운영자들은 연락이 되지 않고 있으며 회원수는 6만 명이 넘지만 실제 이 카페에서 도움을 얻었다는 사람을 찾아볼 수 없다. 카페 이용이 무료라고 해놓고 글을 읽기 위해서 운영자에게 사용료를 지불해야 하는 카페도 있다. 원래 무료였으나 회원수가 점차 늘어나고 정보량이 너무 많아서 유료화시켰다는 게 운영자의 설명이다.

G 씨도 이러한 재테크 카페의 회원이었다. 그러던 중에 인터넷 재테크 달인, 재테크의 왕이라 추앙받던 H 씨가 인터넷에 유료 카페를 운영한다는 소식을 알게 됐다. H 씨는 재테크계의 전설 같은 인물이었다. '단돈 20만 원으로 시작해서 20년 만에 500억을 벌었다'는 그의 인생 역전 스토리는 크게 화제가 됐다. 그는 이러한 유명세로 열 권에 달하는 책을 출간했고 그가 운영하는 유료 재테크 카페의 회원 수는 만 명에 달했다.

"이건 정말 고급 정보입니다. 여기 회원이라고 해서 다 알려주는 게 아니고 극소수에게만 공개하는 정보예요. 그러니까 회원님은 정말 운이 좋은 겁니다."

어느 날 H 씨가 G 씨에게 직접 비공개 채팅을 청해 왔다. 그러면서 H 씨는 인터넷 카페와 특강 등을 통해 자신이 설립한 모 그룹에 대해 소개했다. 부동산 경매와 주식투자를 접목한 투자그룹으로 '한국의 골드만삭스'가 될 것이라며 투자 권유에 나섰다.

이내 재테크 왕의 명성을 들은 투자자들이 모여들었다. 그러자 H 씨는 거짓 투자정보를 흘려서 자기 회사의 전환사채에 투자할 것 등을 권유했다. 그는 또 부동산 투자에도 발을 넓혔다. 서울 종로구의 상가 4~5곳을 공동 경매하겠다며 공동 투자자를 유치해 투자금을 가로챈 것이다.

재테크에 관심이 많고 그 방면으로 조예가 깊다는 사람들이 어떻게 이렇게 쉽게 속아넘어갈 수 있나 의아할 정도로 카페 회원들은 너무나 쉽게 H 씨는 말을 믿어버렸다. 수사를 하던 검찰 관계자는 이 사건을 두고 'H 씨가 워낙 유명해서 그런지 몰라도 투자자들이 마치 광신도처럼 그를 믿고 따랐다'고 말했다. 심지어 이미 수억 원의 손해를 봤음에도 다시 H 씨의 말을 믿고 대출받아 돈을 투자한 사례도 있었다고 한다.

근래에는 유사투자자문사를 운영하며 인터넷 커뮤니티를 통해서 주식투자 상담을 진행하는 재테크 전문가들도 많다. 이들은 유료 회원을 받은 후 수익이 나지 않을 경우 회비를 전액 환불해 주는 '손실 시 전액 환불제도'를 실시한다고 홍보한다. 이 말을 들은 수많은 투자자들이 손실을 입어도 투자금을 돌려받을 수 있다고 믿고 안심하고 가입했다. 과연 이들은 믿을 만하고 안전하다고 봐도 좋을까?

I 씨는 유사투자자문사가 운영하는 인터넷 카페의 VIP 회원이었다. 이 카페에는 I 씨 말고도 약 90만 명가량의 회원들이 유료로

가입해 주식 관련 상담을 받고 있었다. 투자 노하우를 전수받아서 수익을 올려보려던 I 씨는 결국, 투자 손실만 보고 투자금은 돌려받지 못했다.

"VIP로 가입하면 회비를 100% 환불해 주겠다고 약속했거든요. 환불을 요구하니까 90%는 가입비라서 돌려줄 수 없다는 겁니다. 이게 말이 됩니까?"

I 씨는 투자자문사가 가입할 때는 가입비와 회비에 대한 아무런 설명도 없다가 갑자기 약관에 명시된 사항이라며 10%만 환불해 주겠다고 하는 것은 명백한 사기라고 말했다.

유사투자자문가가 불건전 거래에 얽힌 사건은 세간에 알려진 것보다 더 많이, 꾸준하게 발생하고 있다. 유사투자자문업은 1997년에 처음 도입됐다. 유사투자자문업체는 금융위원회에 신고를 하면 특별한 자격 제한 없이 등록번호를 받아 운영할 수 있다는 게 특징이다. 금융위원회에 신고한 업체라도 금감원의 감시와 관리대상에는 포함되지 않으며 신고를 하지 않고 업체를 운영했더라도 과태료는 고작 천만 원 이하다.

: 인터넷 고급 정보와 기밀, 정말일까? :

"재테크 고수의 정보라고 하니까 믿었어요."

"원래 진짜 돈이 되는 정보는 극소수만 안다고 하잖아요. 그렇게 비밀스럽게 공유되는 게 뭔가 진짜 정보인 것 같아서 순간 혹한 거죠."

독창적인 재테크 방법으로 큰돈을 번 것으로 유명해진 인물이 고급 정보를 알려주겠다고 하니, 투자자들은 이성을 잃고 잘못된 판단을 내리는 것이다.

그런데 조금만 이성적으로 생각해 보며 재테크 고수가 투자자를 모아 수익을 올려준다는 것 자체가 얼토당토 않은 말임을 알 수 있다. 우선 재테크 고수, 유사투자자문업자들의 정체는 무엇인가? 이들은 증권방송과 인터넷 증권정보카페에서 활동하며 회원들에게 '증권전문가', '사이버 애널리스트'라는 모호한 이름으로 불린다. 사실 증권전문가, 사이버 애널리스트가 되는 데에는 어떠한 자격도 조건도 필요하지 않다. 그럼에도 이들은 불특정 다수의 투자자들에게 투자에 대한 조언을 하고 다닌다.

전문적인 금융지식을 겸비하고 증권거래소에 등록되어야 활동할 수 있는 투자자문사는 직접적인 투자 권유를 할 수 있다. 하지만 이와 달리 유사투자자문가는 직접적인 투자 권유 자체가 불법이다. 그럼에도 일부 업체에서는 소비자와 유사투자자문가가 일대일 상담할 수 있게 하거나 비상장주식을 중개하는 식의 불법 행위까지 동원하며 영업을 하고 있다.

이러한 영업은 불법 행위라서 위험하기도 하지만 조금만 따져보면 이치에도 맞지 않다. 사이버 애널리스트가 약간의 돈만 받고 투자자들에게 고수익을 보장하는 종목을 추천한다? 어딘가 이상

하지 않은가. 전문가 본인이 그토록 확실한 투자 정보를 갖고 있다면 직접 투자를 통해서 더 큰돈을 버는 것이 이치에 맞다.

이렇게 사이버상의 불공정 거래 행위가 점점 더 확산되는 것은 모바일의 영향이 크다. 주식 매매수단이 스마트폰으로 옮겨 가면서 허위 정보도 SNS를 이용해서 단숨에 퍼진다. 스마트폰으로 빠른 매매, 정보습득이 가능해진 반면에 부작용도 만만치 않다.

이렇게 유사투자자문업자들이 불법을 저지르고 다니지만 이들을 규제할 방법이 현재로써는 없다. 금융위도 유사투자자문업을 감독의 사각지대라고 보고 있다. 또 이용자들이 스마트폰 메신저로 정보를 주고받기 때문에 불공정 거래 행위를 포착하기도 쉽지 않은 게 현실이다.

아직도 다른 사람들은 잘 모르는 은밀한 정보가 대박으로 이어질 것이라는 환상을 가지는 사람들이 많다. 스마트폰과 인터넷에 떠도는 정보가 희귀한 것은 맞다. 그러나 조금만 더 생각해 보면 정확한 정보는 아니라는 것을 알 수 있다. 출처가 불분명하고 누가 제공했는지도 알 수 없는 정보에 휘둘려 투자를 결정하는 것은 너무나 위험한 일이 아닐까.

06
CHAPTER

미디어에 속지 말자

텔레비전 채널이 많아지면서 경제 관련 프로그램의 수도 늘고 있다.

"지금 방송을 보시는 시청자 여러분께 고급 정보를 알려드리겠습니다."

한 증권 방송의 종목 추천 프로그램의 진행자가 시청자의 호기심을 자극한다.

"그렇다면 정말 고급 정보네요?"

"네, 방송 보시는 분들만 알지 다른 사람들은 모릅니다. 그러니까 오늘 방송 끝까지 지켜보셔야 합니다."

진행자 두 사람이 주거니 받거니 이야기를 나누면서 분위기를 띄운다. 그리고는 특정 주식의 이름을 거론하면서 지금 당장 투자하라고 부추긴다. 방송 직후 이 주식의 주가는 두 배로 올랐다. 그런데 곧바로 반토막이 났다. 알고 보니 기업체가 진행자에게 거짓정보를 흘렸고 이를 알고 있던 진행자는 주가가 오를 때 수천 만원의 수익을 올렸다. 하지만 방송을 보고 투자한 투자자들은 큰손해만 입었다.

: 경제방송을 신뢰할 수 있을까? :

재무상담을 해보면 생각보다 많은 사람이 경제 관련 TV 프로그램에서 진행자나 전문가가 하는 말을 그대로 믿는다는 사실을 알수 있다. 아직도 많은 소비자들이 방송에 나와서 이름을 내놓고활동하는 전문가가 거짓말을 할 리 없다는 순진한 생각을 하고 있는 것이다. 그러나 방송이라는 것은 시청자들이 믿는 것처럼 공정하고 사실만을 전달하는 매체라고 볼 수 없다.

공중파의 공신력 있는 프로그램에서도 허위, 과장된 정보가 보도되어 방송통신위원회로부터 징계를 받는 일이 있지 않았는가. 프로그램 제작자들은 뒤늦게 사과하는데 방송의 파급력이 엄청나 피해자들의 피해는 되돌릴 수 없는 경우도 많다. 물론 모든 방송이 악의적으로, 허위 과장된 정보를 전달하는 것은 아니다. 하지만 방송이 제작되는 환경이나 상황에 따라서 잘못된 정보가 전파를 탈 수 있고 출연자가 방송의 파급력을 악용하는 경우도 허다하다.

따라서 소비자들은 텔레비전에서 금융 정보를 얻을 때 특별히 주의를 기울여야 한다. 경제 프로그램의 전문가, 증권방송의 전문가라고 해서 그들이 하는 말을 그대로 믿어서는 안 된다. 일례로 2011년에 한 케이블 TV 증권방송에 출연했던 전문가가 구속된 일도 있다. 그 해 10월, 대통령 선거를 앞두고 증권방송에 출연한 전문가는 안랩 주식을 테마주로 부상했다고 말하면서 적극 추천했다.

원칙적으로 방송에 출연하는 증시전문가들은 자신이 추천하는 종목을 미리 사지 못하도록 되어 있다. 그런데도 그는 방송 전날 안랩 주식 7만 6천여 주를 30여억 원에 매수했다. 방송을 본 개미들의 매수세가 급등했다. 주가가 오르자 주식 전문가는 보유 주식 전량을 팔아치워 10일 만에 23억 원 상당의 차익을 거뒀다. 주가 조작은 명백한 범죄 행위다. 방송을 보고 투자한 투자자들은 피해가 이만저만이 아니었다.

그렇다면 재무 전문가가 출연하는 경제방송을 접할 때 어떤 점에 유의해야 할까. 우선 출연자가 추천하는 상품을 섣불리 가입해서는 안 된다. 출연자가 정말 좋은 상품을 추천해 줄 것이라는 시청자의 기대와 달리 추천하는 상품은 저마다 이유가 있다. 출연자가 어느 회사에서 일하는지에 따라서 추천 상품이 달라지기도 한다. 또 해당 프로그램을 금융회사가 협찬할 경우에는 협찬사의 상품을 거론한다. 그러므로 상품 설명만 듣고 현혹될 게 아니라 상품을 소개하는 사람이 어느 회사의 소속인지 확인해야 한다.

또 금융 초보자가 이용하기에 위험하고 어려운 상품을 투자하기 좋은 상품으로 포장하는 경우가 있으니 주의하자. 텔레비전은 매체의 특성상 상품 설명에 할당되는 시간이 짧다. 따라서 특정 상품의 장점만 설명하고 위험이 발생할 수 있는 단점은 간단히 언급하거나 언급하지 않고 지나치는 경우가 많다.

방송의 사정이 이렇다면 신문은 어떨까. 신문도 방송과 마찬가지로 이해관계에 따라서 기사 내용이 이랬다 저랬다 하는 경우가 있다. 정부가 발표하는 정책을 그대로 베끼기도 하고 제목을 일부러 자극적으로, 과장해서 뽑기도 한다. 경제신문에서 신문의 주요 광고주와 건설업체, 주요 독자들인 부동산 부자들에 영합하는 기사를 찾기란 그리 어렵지 않다. 또 특정 경제연구소나 협회에 소속된 전문가 의견이 대세인 양 다루기도 한다. 이러한 경제연구소나 협회 뒤에는 거대기업이 있다.

따라서 신문을 접할 때에도 인용된 전문가의 소속과 여론 조사의 출처가 어느 연구소, 어느 협회의 것인지를 꼼꼼히 따져봐야 한다. 같은 내용의 기사를 몇 달 전에는 어떻게 썼는지 찾아보는 것도 방법이다. 예를 들어서 몇 달 전에 부동산 전망, 집값에 대해 예상한 기사를 검색하는 것이다. 지금도 집값에 대해 비슷한 견해를 되풀이하는지, 실제로 집값이 어떻게 되었는지를 비교하면 믿을 만한 정보인지 아닌지 판가름할 수 있다.

마지막으로 애초에 광고주나 독자층을 의식할 필요 없는 매체의 정보를 찾아보자. 재벌이나 정계와의 이해관계에서 자유로운 경제연구소, 사회적 기업, 경제 전문가들도 각자의 방법으로 제 목소리를 내고 있다. 대표적인 매체로 팟캐스트를 꼽을 수 있다.

: 홈슈랑스, 싸다는데 정말 쌀까? :

홈쇼핑 채널을 즐겨보던 주부 J 씨는 쇼호스트의 말에 이거다 싶었다.

"여러분 환절기마다 코 훌쩍거리고 유난히 코감기 잘 걸리는 분들 있잖아요. 참지 말고 병원에 가세요. 병원 가실 때마다 2만 원씩 보장해 드립니다. 사실 보험 들어놓고 보장이 안 되면 그게 참 난감하잖아요. 근데 저도 코감기에 자주 걸리는데 갈 때마다 보장된다고 해서 바로 가입했거든요."

J 씨는 유난히 코감기에 잘 걸리는 딸을 떠올렸다. J 씨는 쇼호스트의 말을 믿고 망설이지 않고 전화를 걸어 보험에 가입했다. 딸이 감기에 걸려 보상을 요구했더니 보험사의 기막힌 대답이 돌아왔다.

"죄송하지만 고객님, 급성 기관지염만 보장 대상입니다."

일반 코감기는 보장 대상이 아니었다.

"약관에 나와 있는 특약 질병만 보장한다는 거예요. 방송에서 코감기는 다 보장되는 것처럼 얘기했거든요? 시간이 지나면 지날수록 계약자한테 불리하고 약속대로 안 해줘요."

쇼호스트의 과장된 설명은 보험 약관과 일치하지 않는다. 이렇게 피해를 입은 소비자는 구제받을 수 있을까? 소비자보호원에서도 문제가 발생했을 때는 약관이나 증권대로 처리하기 때문에 쇼호스트가 과대하게 설명했더라도 소비자가 입증하기는 상당히 어렵다고 한다. 홈쇼핑을 통해 보험에 가입하려면 쇼호스트의 말을 믿을 게 아니라 실제 약관을 살펴봐야 한다. 하지만 홈쇼핑이라는 것이 뭔가? 방송을 통해서 물건을 파는 매체다. 방송에서는 소비자가 구매하고 싶게끔 달콤한 멘트를 남발하고 구매 후에는 약관대로만 보장을 하겠다니 소비자는 분노할 수밖에 없다.

실제로 홈쇼핑에서 판매하는 보험에 관련해 소비자 불만과 피해가 지속적으로 증가하고 있다. 2011년부터 2013년 동안 접수된 TV 홈쇼핑 관련 소비자 피해 926건을 분석한 결과, 보험 피해가 전체의 7.0%(65건)로 가장 많이 접수됐다. 보험 중에서도 질병·상해 보험이 전체 보험 중 84.6%로 소비자 불만이 가장 높았다. 구체적으로 살펴보면 보험 가입 시에 계약 내용을 사실과 다르게 설명하거나 불리한 사실을 설명하지 않는 경우가 많다. 또 보험 가입은 쉽게 승인했지만 보험금 지급 시에는 가입 조건이 되지 않음을 이유로 지급을 거절하는 사례가 많았다. 이러한 불편 때문에 선진국의 경우 TV 홈쇼핑을 통한 보험 판매가 법적으로는 가능하기는 하지만, 실제로 방송으로 보험을 판매하는 경우는 거의 없다고 한다.

그렇다면 홈쇼핑 회사들은 왜, 탈도 많고 말도 많은 보험을 굳이 팔려고 애쓰는 걸까. 그 이유는 보험이 배송비가 들지 않고 반품의 우려도 없기 때문이다. 홈쇼핑 회사 입장에서는 효자가 아닐 수 없다. 고객 입장에서는 다른 데서 가입하는 것보다 홈쇼핑 보험이 싸기 때문에 가입을 많이 한다. 하지만 엄밀히 말해서 싸다고 느껴지는 것이지 실제로 싼 것은 아니다. 홈쇼핑 방송의 판매 비용은 엄청나다. 보험사들이 홈쇼핑 회사에 송출비 명목으로 지불하는 돈은 상상을 초월한다. 프라임 시간에는 방송 비용이 2억 원 정도라고 한다. 보험사가 홈쇼핑 회사에 지불하는 이 돈은 일종의 광고 비용으로 소비자가 부담한다. 보험 판매 가격에 이 비용이 포함되어 있다고 보면 된다.

　따라서 홈쇼핑에서 보험을 구입할 때는 각별히 이것저것 다 따져보아야 한다. 우선 쇼호스트가 하는 말을 다 믿어서는 안 된다. 이들은 보험 전문가가 아닐뿐더러 과장해서 설명하는 경우가 많다. 쇼호스트의 말을 그대로 믿지 말고 방송 이후에 걸려오는 상담원 전화에 더 신경을 써야 한다. 상담원을 붙들고 궁금한 것, 알고 싶은 것을 다 물어보자. 홈슈랑스끼리 가격을 비교해 보는 과정도 필요하다. 비슷한 상품인데 홈쇼핑 회사의 가격 경쟁으로 인해서 가격 차이가 날 수 있기 때문이다.

확실한
메리트를 노려라

오늘 달걀을 한 개 갖는 것보다 내일 암탉을 한 마리 갖는 편이 낫다.

– 토마스 플러

07
CHAPTER

장수는 재앙인가, 축복인가

한국인의 삶은 빚의 연속이다. 30대 초반, 결혼과 함께 새 인생이 열린다. 대출을 끼고 전세를 마련하고 열심히 일해서 대출금을 갚는다. 그리고 다시 대출을 받아서 내 집을 마련한다. 다 갚아갈 즈음엔 자녀 사교육비로 휘청거린다. 노후 자금을 준비할 마음의 여유도, 현실적인 여유도 없다. 한국인이라면 이런 현실에서 예외이기 어렵다. 이 때문에 우리나라의 노인빈곤율은 OECD 가입국 중 최고 수준이다. 지금의 3040세대들은 호프집에 앉아 노년에 폐지 줍는 게 아닐까 하는 걱정을 쏟아놓는다.

이런 대중의 불안과 공포심을 반영이라도 하듯 시중에 노후 대비 금융상품이 넘쳐난다. 경제활동을 하고 있는 3040이라면, 조금 일찍 철이든 20대도 하나쯤은 가입해 있을 것이다. 우리가 가입한 노후 대비 금융상품은 과연 제대로 된 것일까? 그리고 이거 하나면 노후 준비는 안심해도 되는 걸까.

노후라고 하면 아직은 먼 일이라서 막연할 수밖에 없다. 그렇다고 준비도 막연하게 접근해서는 안 된다. 노후 준비의 기준을 잡아보자. 첫째 기준은 '기대하는 삶의 수준과 노후 생활비의 규모'다. 이때 은퇴 이후 소득이 없는 삶이 몇 년간 지속될지에 대한 것까지 동시에 가늠해야 한다. 그 '값'을 선명한 목표로 하고, 목표를 달성하는 중에 중단하거나 포기해서는 안 된다.

두 번째 기준은 '현재 준비 중인 사항'이다. 지금 노후 준비를 위해서 어떤 노력을 기울이고 있는지 어떤 금융상품에 얼마를 투자하고 있는지 면밀히 검토하는 것이다. 여기서 연금 이야기가 거론된다. 일반적인 직장인은 매우 다행스럽게도(?) 회사가 매달 월급에서 국민연금과 퇴직연금을 떼간다. 만약에 이 두 가지 연금이 만족할 만한 수준이라면, 개인적으로 보험사나 증권사에 가서 따로 준비할 부담이 적어진다.

우선 말도 많고 탈도 많은 국민연금부터 알아보자. 국민연금의 가장 큰 리스크는 경제활동 인구의 감소다.

'매달 꼬박꼬박 붓는 이 돈을 내가 받을 수 있을까?'

이렇게 연금 고갈을 걱정하는 사람들이 많다. 하지만, 이는 금융자본에 지배당한 매스컴의 이야기일 뿐, 사실과 많이 다르다. 국민연금은 수준 높은 운용 성과를 보이고 있다. 연금 고갈의 시기 또한 2060년 이후이며 시차를 두고 연금 지급액이 감소할 수

있다. 그러나 국가가 존립하는 한 연금제도 자체를 걱정할 필요는
없다.

〔 노령연금 예상 월액표 〕

순번	가입 기간 중 기준 소득 월액 평균값	연금 보험 (9%)	가입 기간			
			10년	20년	30년	40년
1	260,000	23,400	128,000	244,610	269,830	269,870
2	270,000	24,300	128,030	244,640	270,000	270,000
3	300,000	27,000	129,690	247,810	300,000	300,000
4	400,000	36,000	135,220	253,360	380,610	400,000
5	500,000	45,000	140,750	268,940	396,180	500,000
6	600,000	54,000	146,280	273,510	411,750	543,990
7	700,000	63,000	151,810	290,080	427,320	564,560
8	800,000	72,000	157,350	300,650	442,890	585,130
9	900,000	81,000	162,880	311,220	458,460	605,690
10	990,000	89,100	167,850	320,730	472,470	624,210
11	1,000,000	90,000	168,410	321,790	474,030	626,260
12	1,100,000	99,000	173,940	332,360	489,530	646,830
13	1,200,000	108,000	179,470	342,930	505,160	667,400
14	1,300,000	117,000	185,000	353,490	520,730	687,970
15	1,400,000	126,000	190,530	364,060	536,300	708,540
16	1,500,000	135,000	196,060	374,630	551,870	729,110
17	1,600,000	144,000	201,600	385,200	567,440	749,680
18	1,700,000	153,000	207,130	395,770	583,010	770,240
19	1,800,000	162,000	212,660	406,340	598,590	790,810
20	1,900,000	171,000	218,190	416,910	614,140	811,380
23	2,200,000	198,000	234,780	448,610	660,850	873,090
중략						
44	4,210,000	378,900	345,600	660,700	973,450	1,286,190

단위 (원/월)   (출처:국민연금공단 홈페이지 2015년 5월 기준)

[출생 연도별 연금 수급 개시 연령]

출생 연도	~52년생	53~56년생	57~60년	61~64년생	65~68년생	69년생~
수급 연령	만 60세	만 61세	만 62세	만 63세	만 64세	만 65세

(출처:국민연금공단 홈페이지)

국민연금의 종류에는 노령연금, 장애연금, 유족연금, 반환일시금 등이 있다. 1969년 이후 출생자의 경우, 만 65세부터 연금으로 지급받는다. 이를 노령연금이라 칭한다. 그러나 통상적으로 국민연금이라고 부른다. 월급 생활자라면 매달 일정 금액을 국민연금으로 낸다. 대다수의 월급 생활자들이 10년 후에, 혹은 20년 후에 내가 연금을 얼마나 받게 되는지 잘 알지 못한다. 그래서 71쪽에 표를 준비했다.

순번 1번의 경우 월 소득 26만 원일 때부터 시작한다. 소득에서 9%, 즉 23,400원을 매달 연금으로 적립한다. 이것을 10년 유지했을 때, 만 65세 이후부터 매달 128,000원, 20년 유지 시에는 244,610원, 40년을 꼬박 납입하면 269,870원을 지급받을 수 있다.

순번 23번을 보자. 월 소득 220만 원의 9%인 198,000원을 매달 납입하면 20년 후에는 매달 448,610원, 40년 후에는 873,090원을 지급받을 수 있다. 순번 44번의 월 소득 421만 원이라면 40년 후에 매달 1,286,190원을 지급받는다.

월급 생활자가 아니고 임의가입을 원하는 사람들은 순번 10번에 주목하자. 임의가입자들은 월 소득을 99만 원으로 책정하고 매달 89,100원을 납입한다. 이렇게 딱 10년만 유지해도 매달 167,850원을 받을 수 있다.

결론만 말하자면 국민연금은 시중의 그 어떤 금융상품보다 투자액 대비 수익이 좋다. 따라서 경제활동을 하고 있는 성인 남녀라면 한 살이라도 어릴 때 국민연금에 가입하는 것이 유리하다. 월급 생활자가 아닌 경우라면 임의가입을 하는 것이 좋다.

자, 이제 퇴직연금 차례다. 노후 자금에 대해서 단순하게 생각하면 국민연금과 퇴직연금을 합한 돈 외에 부족한 부분만 준비하면 된다.

국민연금은 개인별 예상수령액 조회가 손쉬우므로 결국, 퇴직연금으로 수령할 연금이 얼마인지 파악하는 것이 가장 중요한 열쇠다. 그런데 대부분의 직장인들이 퇴직연금이 어떻게 운용되고 있는지는 물론이거니와, 본인의 회사가 퇴직연금에 가입되어 있는지조차도 모르는 경우가 대부분이다.

지금부터 퇴직연금이란 무엇이며, 어떻게 운용되고 있는지 근로자가 꼭 알아야 할 정도만 짚고 넘어가도록 하겠다.

퇴직연금제도가 도입되기 전, 회사는 근로자가 퇴직을 하면, 회사가 가진 돈에서 퇴직금을 지급해 줬다. 그러다 보니 회사가 망하면 퇴직금을 못 받게 되는 경우가 종종 발생했다. 이를 막기 위해 도입된 것이 바로 퇴직연금제도다. 이는 근로자에게 지급되어야 할 퇴직금을 근로 기간 중에 미리 계산하여 회사 외의 금융기관에 적립해 두었다가 퇴직 시 근로자의 선택에 따라 연금 또는 일시금의 형태로 지급해 주는 것이다. 퇴직연금제도는 무조건 근로자에게 유리하다. 대부분의 회사가 이 제도를 시행하고 있다고 봐도 무방하지만 법적인 강제조항이나 불이익이 없기 때문에 모든 회사가 빠짐 없이 시행 중인 것은 아니다.

그렇다면 퇴직연금이 없는 자영업자나 주부들은 어떻게 해야 할까. 이들은 근로소득자가 아니기 때문에 연금 준비에 있어서 취약하다. 이들에게 필요한 것이 국민연금 임의가입 신청이다. 초저금리 시대가 되면서 주부나 자영업자들의 국민연금 임의가입자 수는 날로 증가하고 있다. 저금리로 인해 적금만으로는 노후 준비가 불가능해지면서 납부 보험료 총액의 1.8배를 지급하는 국민연금의 장점이 부각됐기 때문이다. 예를 들면 가입 이력이 없는 50세 주부가 월 8만 9,100원의 보험료를 10년간 낸다고 하자. 이런 경우 만 64세부터 평균 수명인 88.4세까지(2013년 통계청 조사) 매월 약 17만 원의 국민연금을 받을 수 있다.

그런데 이렇게 부부가 함께 국민연금에 가입했을 때 주의해야 할 점이 있다. 바로 배우자가 사망하면 두 사람의 연금 중 하나를 선택해야 한다는 것이다. 만약 남편이 사망하면 남편 연금의 60%(20년 이상 가입)가 유족연금으로 나온다. 이것을 선택할 경우 주부는 자신이 들어놓은 연금을 받지 못한다. 자신의 연금을 택하면 유족연금의 20%만 지급받을 수 있다.

: 걱정 없는 노후를 위한 연금 가입 원칙 :

일반적으로 노후대비라고 하면 다음의 세 가지로 준비하는 것이 보통이다.

1. 국민연금 2. 기업연금(퇴직연금) 3. 개인연금

국민연금의 경우 정상적인 경제활동이 시작되면서, 강제적으로 가입된다. 내가 국민연금으로 얼마를 지급받을 수 있는지 금액을 알아두자. 국민연금은 짧게는 10년, 길게는 40년 넘게 불입되는 연금이라서 소득 수준과 납입 기간에 따라 지급액도 천차만별이다.

특별히 남들보다 국민연금을 많이 받는 사람이라 하더라도, 국민연금만으로는 노후 준비가 충분하지 못하다. 퇴직연금이 부족분을 너끈히 충당해 주어야 할 텐데, 조기퇴직이 퇴직연금의 크기를 좌우한다. 오랫동안 근로소득이 발생한다 치더라도 일반인이 퇴직연금을 스스로 운용해 나가기란 쉽지 않은 일이다.

그래서 노후 준비를 위한 금융상품 가입은 이제 선택이 아닌 필수다. 적금 부어서 자동차 사는 데 보태고, 펀드로 장기투자해서 내 집 마련에 성공하듯이, 노후 자금도 반드시 필요한 시기에 필요한 만큼 준비해야 한다. 적절한 원칙만 세우면 연금 가입의 원칙이 절반 이상 세워진 것이나 마찬가지다.

그렇다면 어떤 금융상품에 가입하고 그 상품을 어떻게 관리해야 할까?

흔히 노후, 장기상품이라고 하면 보험을 떠올린다. 그러나 보험은 높은 수수료(사업비)와 이로 인해 중도해지 시 큰 손해가 발생한다는 단점이 있다. 그럼에도 보험을 선택해야 하는 이유는 뭘까? 바로 강제 저축이라는 점이다. 한 번 가입하면 웬만큼 유지하지 않고서야 손해를 보기 때문에 돈이 필요해도 손대지 않는다. 그러다 보면 시간이 흐르고, 꽤 많은 돈이 모여 있게 된다. 따라서 확실한 여웃돈이 아니면 일반 펀드를 연금 목적으로 20~30년씩 유지하는 것은 불가능하다. 아무 때나 환매가 가능하다는 이점이 오히려 '독'이 되기 때문이다.

금융회사를 정했다면 상품을 골라보자. 목돈이 남아 돌아서 일시납 연금에 가입할 수 있다면 좋겠지만, 서민들의 빠듯한 가계 상황에서는 노후를 위해 간신히 몇십만 원 떼어놓는 형편이다. 잘못된 상품을 선택해서 시행착오를 겪을 여유가 없다. 10년 이상, 길게는 30년 동안 돈이 묶여야 하는데 시행착오로 몇 년 우왕좌왕하고 나면 피해가 이만저만이 아니다. 따라서 확실한 여웃돈이 아니면 일시납 연금은 선택하지 않는 것이 좋다.

그렇다면 15년 혹은, 20년 이상의 장기상품은 저축이 좋을까, 아니면 투자가 좋을까? 정답부터 말한다면 노후 준비를 위한 금융상품은 될 수 있으면 투자상품이어야 한다. 여기에 장기적으로 유지할수록 혜택이 큰 상품을 골라야 한다.

물론 과거의 수익률을 가지고 미래의 수익을 정확하게 예측할 수는 없다. 다만, 채권이나 예금 같은 무위험 자산을 선택했을 때보다는 주식과 같은 투자상품으로 선택해야 보다 나은 결정이 된다.

누군가는 예금자보호가 최우선 기준일 수 있다. 허나 예금자보호의 한도는 5천만 원이다. 미래에 적립된 은퇴 자금의 규모는 그이상일 것이니 터무니없이 부족하다. 보험사가 망하면 어쩌냐고? 그런 가능성은 희박할 뿐더러, 그렇다고 하더라도 변액보험의 경우 소중한 내 펀드를 운용하는 자산운용사에 적립되어 있기 때문에 아무런 문제가 없다. 자산운용사도 망하면 어쩌냐고? 그 돈 역시 신탁회사(통상 은행)를 통해 적립되니 걱정 없다. 은행도 망하면 어쩌냐고? 보험사, 자산운용사, 은행이 동시에 모두 망했다면 나라 경제 전체가 망했다는 것이다. 저축하면서 나라가 망하면 어쩌나 하는 걱정을 한다면, 당신, 걱정도 팔자다.

위험을 상쇄할 수 있는 10년 정도의 시간이 있고 물가 상승까지 고려한다면 변액유니버셜보험이 좋다. 생명보험사의 변액유니버셜보험은 수십 가지의 투자 방식을 본인이 선택할 수 있는 것이 일반적이다. 복잡하게 생각할 것 없다. 장기적으로 물가상승에 대비하고 더 나은 수익이 기대된다면 주식형펀드로 투자하면 되고, 주식시장 상황이 좋지 못하거나 안전한 운용을 선호한다면, 채권형 펀드로 투자하면 된다. 시장 상황에 맞추어 투자 유형을 자유롭게 변경할 수 있는 것이다.

다만, 변액유니버셜보험을 선택하고 유지하기 위한 참고 사항이 있으니 알아두자.

1. 비싼 사업비 때문에 단기간 내에는 가시적으로 큰 성과를 보기가 어렵다.

2. 펀드투자 상품이기 때문에, 적절한 펀드 선택과 지속적인 관리가 매우 중요하다.

3. 추가 납입 수수료가 0%인 보험사도 있다. 이를 활용하면 전체적인 수수료를 30~40% 수준으로 낮출 수 있다.

4. 변액종신보험, 변액연금보험 등 '변액'이라는 단어가 들어간 유사한 상품이 많다. 구조적으로 엄청난 차이가 있으므로 유의해야 한다.

5. 적절한 펀드 배분과 지속적인 관리가 이루어져야 하는 아주 어려운 상품이다. 반드시 꾸준히 관리해 줄 전문 판매인을 통해서 가입한다.

〔 금리형 저축 VS 펀드 미관리 변액 VS 펀드 관리 변액 〕

조건	
변액보험	M사 변액유니버셜보험
투자기간	2005년 7월 10일 ~2015년 5월 10일
투자조건	100만 원, 정기 25일 선취 15% 12년 의무

NO	구분	납입액	투입액	평가액	수익금	기간 누적	연복리 환산
①	금리형 저축	11,800만 원	11,800만 원	13,534만 원	1,734만 원	14.70%	1.49%
②	펀드 미관리 변액	11,800만 원	10,030만 원	12,426만 원	626만 원	5.31%	0.54%
③	펀드 관리 변액	11,800만 원	10,030만 원	18,264만 원	6,464만 원	54.78%	5.57%

❖ 비교 그래프

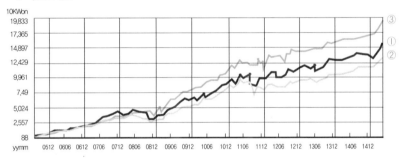

2005년 7월 ~ 2015년 5월 현재
매월 100만 원 씩 118회 납입 중, 납입 원금 11,800만 원

보험사의 사업비 15%를 의무적으로 떼는 기간이 12년이다. 변액보험을 선택하고 난 뒤 펀드를 관리하지 않는다면, 3% 금리를 제공하는 시중 일반 저축상품에 가입하는 것보다 의미가 없다. 다만, 펀드 관리를 해줄 수 있는 전문가와 함께 지속적으로 장기투자를 한다면, 오랜 기간 투자한 노력 대비 기대 수익을 한 차원 높게 가져갈 수 있다.

① 3% 금리로 불입되는 저축 가입 시
② 관리되지 않은 M사의 변액유니버셜보험
  – 가입하면서 국내 성장형 펀드로 설정한 후 단 한 번의 펀드 변경 없이 유지했을 경우
③ 관리된 M사의 변액유니버셜보험
  – 9년 10개월 간
  – 주식시장의 상승 시에는 국내 성장형 펀드로 기대수익을 도모
  – 주식시장이 하락 시에는 국내 채권형 펀드로 수익을 보전
  ※ 즉, 주식 상승과 하강 시, 적절한 펀드 관리가 이루어졌을 경우

세테크의 강렬한 매력?

급여명세서를 보면 늘 소득세, 지방세 등을 먼저 떼고 나머지 금액을 지급받게 된다. '소득이 있는 곳에 세금이 있다'라는 말이 있듯이 소득이 있으면 세금을 내야 한다. 그러나 세금을 내야 될 상황은 모두 제각각이다. 똑같은 액수의 돈을 벌더라도 부양하는 식구가 많다면 기본적으로 써야 할 돈이 많으니 세금 부담 능력이 낮다고 본다.

반대로 부양하는 가족이 없거나 가족 모두가 돈을 벌고 있다면 세금 부담 능력이 상대적으로 높다. 그런데 이러한 상황들을 그때 그때 고려해서 세금을 걷는 것은 불가능하다. 그래서 회사에서 월급을 줄 때 일정하게 정해진 세금을 나라에 납부(원천징수)하고 나머지를 임금으로 받는 것이다.

그런 후에 1년에 한 번씩 개인의 형편에 따라서 세금을 더 내거나 돌려받는 절차가 바로 연말정산이다. 부양가족이 많거나, 지출이 많거나 의료비를 많이 썼다거나 등등에 대해서는 단어 그대로 소득을 공제해 주는 것, 즉 소득에서 빼주는 것이 소득공제다. 이렇게 소득에서 공제한 나머지를 '과세표준'이라고 부르고 이 과세표준의 금액에 따라 세금을 계산해서 1년간 원천징수와 비교해서 세금을 더 낼지 돌려받을지가 결정되는 것이다.

그렇다면 세액공제란 뭘까? 각종 공제를 통해 산출된 최종 금액에서 일부를 깎아주겠다는 뜻이다. 세법과 연말정산에 대한 공제 항목 등은 매년 바뀌기 때문에 여기서는 굳이 언급하지 않겠다. 그렇다면 소비를 통한 세액공제는? 소비를 통해서 얼마의 세금을 돌려받을 수 있는지 예를 통해서 알아보자.

연봉이 2천만 원인 K 씨는 한 해 동안 800만 원의 현금을 쓰고 현금영수증을 발급받았다. 얼마의 세금을 돌려받을 수 있을까? 현금영수증은 연간 소득의 25% 초과분에 대해서 30%를 공제해 준다. K 씨의 경우 소득의 25%인 500만 원까지는 공제가 없고 이를 초과하는 300만 원에 대한 30%인 90만 원을 공제받을 수 있다. 다른 공제를 얼마나 받았느냐에 따라 다르지만 5만 4천 원에서 최대 13만 5천 원 정도를 돌려받게 된다. 결과적으로 K 씨가 돌려받는 세금은 그가 한 해 동안 쓴 돈에 대비해 2%도 안 된다는 뜻이다.

이럴 바에야 차라리 재무계획을 잘 짜서 한 달에 단돈 만 원이라도 아끼는 편이 쉽고 유리하다. 이렇게 소비를 통한 세금 환급 효과는 크지가 않다. 세금을 돌려받을 것이라고 과도하게 소비를 많이 하는 것은 어리석은 짓이다. 이왕 쓸 돈이라면 신용카드보다는 체크카드나 현금영수증을 쓰는 게 유리하다. 또 절세 효과를 노린다면 세액공제를 해 주는 저축상품을 상황에 맞게 가입하는 좋다. 그러면 어떤 금융상품이 장기적으로 돈이 묶이지 않으면서도 최대의 절세 효과를 누릴 수 있을까.

세테크로 절세효과를 누리려는 서민들의 열기가 어느 때보다 뜨겁다. 이는 우리가 내는 세금은 늘어나면 늘어나지 줄지는 않기 때문이다. 기획재정부에 따르면 국민 1인당 세금 부담액은 2011년 490만 원에서 2012년 535만 원, 2013년 550만 원으로 꾸준히 상승하고 있다. 연간 500만 원씩 30년만 낸다고 해도 1억 5천만 원이 세금으로 지출되는 셈이다. 상황이 이러하니 절세 상품에 가입해서 세금을 돌려받으려는 사람들이 늘고 있는 것이다.

여기에 초저금리 시대가 도래하면서 세테크에 대한 뜨거운 관심에 불을 지폈다. 사실 세테크만큼 안전하고 수익까지 좋은 재테크 방법은 없다. 절세상품에 가입하면 법에 정해진 비율대로 세금을 환급받을 수 있으니까 말이다. 예외가 있다면 반드시 계좌로 가입해야 하는 비과세상품인 비과세종합저축이 있다. 만 61세 이상의 나이 제한이 있고 5천만 원까지 가입할 수 있으며 계좌에서 발생하는 이자와 배당 소득이 전액 비과세다.

: 뜨거운 감자, 세테크 :

우선 세테크하기 유리한 금융상품부터 알아보자. 일정 금액을 납입하고 세금을 환급받을 수 있는 대표적인 금융상품은 보장성 보험, 주택청약저축, 연금저축, 퇴직연금 IRP, 소득공제장기펀드가 있다. 이들은 모두 돌려받을 수 있는 세금의 한도액이 있다.

매월 내는 소득공제 되는 금융상품이 연간 낸 돈 전부를 공제해주지는 않는다. 표를 쉽게 보기 위해, 공제 한도를 먼저 살피자면, 보장성 보험은 연간 낸 보험료 중에서 100만 원 한도, 주택청약저축은 연간 낸 저축금액에서 소득에 따라 120만 원이나 240만 원 한도, 연금저축(보험, 신탁, 펀드)은 400만 원 한도. 퇴직연금 IRP는 연간 700만 원 한도, 소득공제장기펀드는 연간 600만 원 한도다. 각기 이 한도 내에서 소득에 따라, 공제 대상에 따라 정해진 공제율을 곱한 값이 연말정산 때 돌려받는 세금 혜택이라고 보면 된다.

소장펀드는 급여액 5천만 원 이하의 근로자만 가입할 수 있다. 가입 중에라도 연봉이 8천만 원을 초과하면 이듬해부터 소득공제를 받을 수 없다. 최소 10년 이상 가입을 유지해야 하고 중도 해지 시에는 총 납입금의 6.6%를 추징 세액으로 부담해야 한다.

세법은 매년 달라지므로 개정안을 확인해 둘 필요가 있다. 정부는 거의 매년 세법을 개정하며 세수가 부족하다고 끙끙 앓는다. 그러면서 공제항목을 줄이거나 소득공제를 세액공제로 변경해 버린다. 법 개정으로 소득공제 대상에서 누락될 가능성이 있기 때문

〔 소득공제 되는 금융상품 〕

구분	공제 대상	공제 항목	공제 조건	연간 공제 한도	세액 공제율	최대 환급액	특이 사항
보장성 보험	본인 및 부양가족	보장성 보험	기본 (인적) 공제 대상자	100 만 원	12%	12 만 원	
		장애인 전용보험			15%	15 만 원	
주택 청약저축	본인	주택청약 저축 / 주택청약 종합저축	소득 7천 만 원 초과	120 만 원	40%	48 만 원	무주택 세대주만 해당
			소득 7천 만 원 이하	240 만 원		96 만 원	
연금	본인	연금저축보험 연금신탁 연금펀드	근로소득자 5,500만 원 이내	① 400 만 원	15%	60 만 원	근로소득 5,500만 원 초과 사업소득 4,000만 원 초과 공제율 12% 적용
		퇴직연금 IRP	사업소득자 4,000만 원 이내	700 만 원 (①과 합산하여)	15%	105 만 원	중도 해지 시 기타소득세 15% 부과 보험사의 일반연금 보험은 해당 없음
소득공제 장기 적립식펀드	본인	펀드 납입분의 40% 이상 국내 주식에 투입되는 펀드에 연간 600만 원 납입 시	10년 이상 납입 총 급여 5천만 원 이하 근로소득자	240 만 원	15%	36 만 원	2015년 12월 31일 이내 가입분 5년 이내 해지 시 추징세 6.6%

공적연금(국민연금/ 공무원연금/ 군인연금/ 사학연금 등)은 전액 세액공제 된다.

(2015년 5월 12일 국회 본회의 통과)

에 나의 근로소득 요건, 공제액 한도, 세액공제 변경을 해마다 확인하고 정보를 업데이트 해두자.

마지막으로 앞서 잠깐 설명했던, '13의 월급'이라 불리는 연말정산이 있다. 세금이라고 하면 어쩐지 복잡한 것 같지만 간단하다. 공제받을 항목만 제대로 알면, 내년 2월에 환급할지, 환수할지는 쉽게 알 수 있다. 요즘에는 다행히도 국세청 연말정산간소화 서비스(www.yesone.go.kr) 만으로도 충분히 확인 가능하며, 한국납세자연맹(www.koreatax.org)에서 누구나 손쉽게 어려운 세금 계산을 도움받을 수 있다.

연말정산은 크게 기본공제, 교육비와 의료비, 주택 관련 비용, 소득공제되는 금융상품을 통해 환급받을 수 있다. '13월의 월급'이 되느냐 마느냐에 큰 영향을 주는 요소이다. 기본공제란 본인, 배우자, 자녀, 부모 등 부양가족 공제를 받는 부분을 말한다. 인적공제와 교육비, 각종 공과금, 보장성 보험료 지출 등은 내가 쓴 내역을 세무 당국에서도 보관하기 때문에 일일이 찾아다니지 않아도 된다. 놓치기 쉬운 다음의 두 항목에 대해서는 따로 알아두자.

■ 체크카드

연간 신용카드로 소비된 금액의 15%를 소득공제해 준다. 그런데, 체크카드로 소비된 금액은 30%를 소득에서 빼준다. 외벌이 가정이라면, 주소득자의 명의로 된 체크카드로 생활비 지출을 해야 할 것이며, 맞벌이라면 소득이 많은 쪽의 통장에서 만든 체크카드를 써야겠다. 신용카드가 주는 포인트 혜택보다 환급받는 현금이 훨씬 유리하니 체크카드 이용을 늘리자.

■ 주거비용

월세 또는 전세로 살고 있는 무주택 세대주면서, 연봉이 5천만 원 이하인 경우라면 주목하자. 다음의 세 가지 조건을 합산하여 연간 300만 원 한도로 소득공제가 된다. 집주인에게 주는 돈, 은행에 갚는 돈이 제대로 소득공제 되고 있는지 챙겨보길 바란다.

① 월세 거주자라면 매월 내는 월세액의 10%
② 전세 보증금 대출을 받았는데 이에 대한 원리금 상환액의 40%
③ 주택 마련 저축 금액(120만 원 한도)

월세의 경우 월세액과 주택 마련 저축의 합산으로, 전세의 경우 원리금 상환액과 주택 마련 저축의 합산으로 전월세의 경우는 세 가지가 모두 포함된다.

09
CHAPTER

물 샐 틈 없는 보험

우리는 앞에서도 보험에 대해서 이야기했다. 이제 보험이 무서운지도 알겠고 보험을 가입할 때 신중해야 한다는 것도 알았다. 그런데 어쨌든 보험은 필요하지 않은가. 인생에는 언제나 맑은 날만 계속되지 않는다. 평범하고 무난한 일상, 그 삶이 앞으로도 지속되면 좋겠지만 우리 가정에 불의의 사고가 생겨난다면? 미리 알 수 없기에 충분히 준비해야 하는, 물 샐 틈 없는 보험설계에 대해서 알아보자.

가족 중 한 명이 만일의 사고로 크게 다치거나, 생명이 위태로울 정도로 아프게 된다면, 막대한 의료비가 느닷없이 빠져 나간다. 이로 인해 우리 가계는 휘청거릴 수밖에 없고, 때로는 과다 채무자로 몰리기도 한다. 이 때문에 보험이라는 걸 가입하여 매월 적지 않은 금액을 수십 년간 불입한다. 하지만 정작 우리는 아프 거나 다쳤을 때, 어느 수준으로 보험회사에서 '보장'이라는 걸 해 주는지 정확히 알지 못하고 있다. 잘 알고 있다는 사람도 적절한 수준의 보장을 받아본 경험은 거의 없다.

: 보험에 가입할 때 따져보아야 할 것들 :

이렇게 황당한 일을 겪지 않으려면 보험에 가입하는 단계부터 제대로 해야 한다. 제일 먼저 확실한 보험 가입 원칙에 대해서 알 아보자. 아래의 몇 가지 원칙에 의거하여 우리 가족의 보장성 보 험을 스스로 진단, 점검해 보길 바란다. 한두 시간 투자하여 가족 과 함께 머리를 맞대고 꼼꼼히 따져본다면, 보험 지출을 몇만 원 에서 몇십만 원까지 줄일 수 있다.

■ 보장 범위는 얼마나 되나?

특정 질병이나 상해만을 보장해 주는 것이 아니라, 어떤 질병 이든 어떤 상해든 모두 보장받을 수 있는지부터 파악한다. 실제 병원에 갈 일이 생기면 병원비를 보험회사에서 해 주나? 안 해 주면 어떡하지? 병원에 가기 전부터 이 문제를 고민하게 된다. 이 때문에 보험 가입의 가장 첫 번째 원칙은 보장 범위에 대해 아 는 것이다.

■ 보장액의 크기는 얼마나 되나?

앞서 모든 질병이나 상해에 해당된다 하더라도, 보장금액의 크기가 현저히 작게만 느껴진다면, 이 또한 문제가 아닐 수 없다. 예를 들어서 같은 질병에 걸린 두 환자가 같은 병실에 입원했다. 입원 날짜와 퇴원 날짜까지 똑같은데, 어떤 환자는 보험회사로부터 해당 질병 진단금을 500만 원을 받고, 다른 환자는 2,000만 원을 받는다면? 보험이 재테크의 수단일 수는 없다. 하지만 실컷 보험료를 납입하고도 보장의 크기가 적정 수준이 아니라면 심각하게 고민할 필요가 있다.

■ 만기는 언제?

같은 범위와 크기를 가진 보험인데, 만기가 짧은, 어처구니 없는 경우가 있다. 어떤 이는 보장받는 최대 기간이 60세이고, 다른 이는 100세라면? 60세 이후부터 크게 다칠 일이 많아지고, 심각한 질병에 걸릴 확률은 훨씬 높을 것이 자명하다. 그런데 보장이 60세까지라는 이유로 정작 보장이 필요한 나이가 됐을 때 보장받지 못한다면 낭패다. 이 때문에 보험의 보장 기간은 길면 길수록 잘 설계된 보험이라 할 수 있다.

■ 얼마를 내나?

위 세 가지 조건에 모두 맞는다면, 도대체 매월 보험료로 얼마를 지출해야 할까? 세 가지 조건에 모두 충족하는 보험이라면 비쌀 것 같지만 꼭 그런 것은 아니다. 상상하는 그 이하의 금액으로 범위와 크기와 기간을 모두 만족할 수 있다. 보험 가입 원칙에 모두 부합하는 멋진 보장성 보험이 있다. 바로 실손의료비보험이다. 흔히 '실비' 또는 '실손'이라고 줄여 말하는 보험을 말한다. 아프든 다치든 내가 쓴 병원비를 모두 돌려받는다면 이것이 보험으로서의 임무에 가장 충실한 게 아닐까. 금융소비자라면 누구나 월 2~3만 원 이하로 실손의료비보험을 선택할 수 있도록 금융감독원은 2013년 4월 1일부터 보험업법을 변경, 제도화했다.

■ 어떤 옵션이 필요한가?

실손의료비를 특약으로 하고, 위중한 질병에 대한 진단금이나, 사망보험금을 특정 기간을 정해서 옵션의 형태로 추가할 수 있다. 이때 본인의 가족력이나 생활 환경, 자녀 독립 나이를 고려해야 한다. 실손의료비보험을 기본으로 몇 가지만 추가하면 그것이 흔히 말하는 통합보험, 종합보험이다.

자, 이제 지금까지 가입했던 보험상품을 살펴보자. 우리가 만난 보험설계사가 어떤 원칙과 소신을 가지고 내 가정의 보험을 설계했을까? 앞에 제시된 원칙에 맞추어 보장이 빵빵한 보험을 설계했다면 그 비용은 다음과 같아야 한다.

20대 후반 ~ 30대 초반 보험료 : 월 80,000원 ~ 100,000원

30대 중반 ~ 40대 초반 보험료 : 월 100,000원 ~ 150,000원

안타깝게도 이 글을 읽는 독자들 중 상당수가 이보다 더 많은 보험료를 납입하고 있을 것이다. 대부분 경제활동을 시작하면서 죽어야만 나오는 돈 때문에 종신보험부터 챙기지 않는가? 여기에 몇 가지 특약을 넣었으니 그 보험 하나만 있으면 모든 게 다 해결되는 줄 알고 있다. 하지만 막상 병원에 가보면 내 돈 십여만 원은 거뜬히 나가는 경우가 허다하다.

종신보험에 가입한 사람들은 이후에 암보험에 가입한다. 정말로 필요해서 가입을 했는지, 아니면 케이블 TV의 보험 광고 마케팅에 현혹되지는 않았는지 돌이켜 보길 바란다.

암에 걸리면 2천만 원을 보장해 주는 월 10만 원 암보험을 20년간 납입하고 있다면? 연령에 따라 보험료의 차이는 있겠지만 손해보험의 단독 실손의료비 보험을 가입하는 것이 암보험에 가입하는 것보다 적게는 50%에서 많게는 70%까지 보험료를 아낄 수 있다.

한편 보장 혜택의 측면을 비교한다면 진단금 2천만 원을 받는 것이 아니라 내가 사용한 병원비의 90%를 보험금으로 수령하는 것이다. 만약 치료비가 1천만 원이 나왔는데 진단금 2천만 원을 받으면 이득이 아니냐고 문제제기를 하는 사람들도 있다. 암은 재발할 확률이 매우 높은 병이다. 한 번 치료를 받고 끝난다면 다행이지만 그렇지 못한 경우도 많다. 치료 비용이 진단금 이상으로 많이 나온다면 나머지 부족한 병원비는 결국 내 주머니에서 나가야만 한다. 장기간 상해로 입원 시나 중증 질병을 앓게 된 경우에는 어떻게 해야 하는가. 이런 경우 몇 달은 물론 몇 년 동안 소득이 없을 수도 있다. 이때 실손의료비로 의료비를 보장받고 진단비 특약으로 생활비를 보장받을 수 있다.

안타깝게도 많은 사람이 종신보험과 암보험 두 가지 모두에 가입하고 마지막에 가서야 실손의료비 보험에 가입한다. 누구에게나 꼭, 반드시 필요한 보험에 제일 늦게 가입하는 것이다. 이마저도 보험회사의 논리와 설계사의 입심에 휘둘려 선택하는 일이 비일비재하다.

: 보험도 리모델링하자! :

40대 중반의 가장 L 씨는 봄맞이 대청소를 하다가 책장 속에 숨어 있는 보험증서를 발견했다. 한쪽 구석에서 뿌연 먼지를 입고 꽂혀 있는 증서들을 보자 왠지 모르게 한숨이 났다. 가입했던 당시를 떠올려보면 모두 설계사 지인들의 권유에 못 이겨서 하나씩 가입했던 보험들이다. '언젠가 한 번은 보험을 손봐야지' 하면서도 일이 바쁘면 또 잊어버렸고 그 사이 이삼 년의 세월이 흘렀다.

"집사람과 아이들 것까지 합하면 총 6개예요. 설계사 3명한테서 든 것 같아요. 증권을 꺼내서 읽어봤는데 뭐가 뭔지 잘 모르겠어요."

L 씨의 가정에서 보험료로 지출되는 금액은 수입의 20%가량이었다. 일반적으로 보장성 보험의 지출 정도는 수입의 10%만 되어도 충분하다.

"가입한 지 오래돼서 뭐가 뭔지 잘 모르겠는데 이 보험들 이번 기회에 줄이거나 정리할 수 있을까요?"

L 씨의 말처럼 보험도 줄이고 정리하는 과정이 필요하다. 오래된 주택은 리모델링을 거친다. 전문가의 도움을 받아서 더 살기 편한 집, 오래 살 수 있는 튼튼한 집을 만드는 것이다. 보험에도 리모델링이 필요하다. 지금 당장 보험증서를 찾아서 먼지를 털어내고 다시 한 번 제대로 보장 내용을 체크하는 시간을 가져보자.

가구당 평균 보험 가입 건수는 4~5건, 보험설계사 2~3명. 이런 식으로 보험에 가입하다 보면 보장 내용에 대한 정확한 이해도 떨어지고 중복 보장되는 부분도 많아진다. 당연히 보험료로 지출되는 돈도 많아진다. 과도하게 보험료를 많이 낼 경우 관리가 어려워지고 중도에 해약하는 일이 발생한다. 이때 제일 많이 새는 돈이 바로 보장성 보험료다. 보장성 보험을 유지하고 있는데 보장 기간이 너무 짧은 경우도 많다. 100세도 거뜬하게 넘기는 시대에 나이가 들수록 의료비 증가는 피할 수 없는 현상이다. 보장 기간이 짧은 보험은 보험으로서 제 역할을 못 하는 것이라고 봐야 한다. 다음에 제시한 조건들을 따져보고 우리 가정에 맞는 보험, 저렴한 보험으로 리모델링을 시도해 보자.

■ 우리 아빠 종신 보험료는 얼마?

주로 가정의 가장들이 사망보장, 종신보험에 가입하는 경우가 많다. 일반적인 종신보험은 보험료의 계산을 평준 보험료 방식으로 가입 대상자의 사망 나이를 104~120세까지 예정하여 보험료를 계산한다. 따라서 보험료도 비싸진다. 경제 활동 정년기에 맞춰서 사망보장금액을 감액하거나, 정기보험과 비교해서 과도한 보험료의 지출을 조정하는 것이 좋다.

■ 보험료 갱신된 거 아세요?

질병이나 상해로 아프거나 다쳐 병원에서 발생한 의료비에 대한 비용을 보험금으로 대신 지급해 주는 보험인 의료실비보험. 가정마다 의료실비보험 한두 개쯤은 가입되어 있을 것이다. 한 가지 중요한 사실은 의료실비보험은 보장 기간이 3년 혹은 5년마다 갱신되는 갱신특약의 형태로 가입한다는 것이다. 갱신되는 시기마다 보험료는 인상될 확률이 높다. 최근에 가입하는 의료실비보험의 경우 1년에 한 번씩 최대 15년까지 갱신이 가능하다. 따라서 우리 가정의 의료실비보험이 그 사이 갱신되었는지, 갱신되었다면 지금 보험료가 얼마인지를 반드시 확인하시기 바란다.

■ 진단자금을 챙겨라

나이가 들수록 3대 중대 질병인 암, 급성심근경색, 뇌졸중으로 사망할 확률이 40%에 이른다. 위험한 병이라고는 하나 조기에 발견하여 치료를 하면 완치율이 높다. 그럼에도 값비싼 치료비로 인해 제대로 된 치료 한 번 받지 못해 질병이 더욱 악화되어 사망하는 경우도 종종 일어나고 있다. 이런 경우를 대비해 특약의 형태 또는 건강보험 등으로 적정한 보장금액을 확보해 놓는 것이 바람직하다.

특히 2대 진단비 중, 뇌와 관련된 진단비는 되도록이면 손해보험사의 특약을 이용하길 바란다. 생명보험사는 이미 수년 전부터 뇌 관련 질환에서는 '뇌출혈'만 진단비를 보장한다. 하지만 손해보험사의 경우 뇌졸중까지도 보장해 주는 회사가 많다. 몇몇 손해보험사에서는 뇌혈관 질환까지 보장하니 이 또한 꼼꼼하게 따져보고 놓치지 않는 것이 좋다. 뇌질환은 생각보다 매우 흔한 병이므로 미리 대비해둘 필요가 있다.

■ 병력에 따른 리모델링

보험 리모델링에 있어 보장 기간의 점검만큼 중요한 사항은 없다. 보장 기간이 어정쩡한 나이에 끝날 경우 다시 추가로 가입하기가 곤란하다. 또 보장을 받던 기간 중에 병력이 발생하면 보험사로부터 거절당하기 쉽다. 보험사에 확인해 보는 게 바람직하다. 지금 보유 중인 보험 계약들의 보장 기간(만기), 병력, 보험금 청구 이력 등을 모두 확인하고 리모델링에 대한 계획을 세워야 한다.

이제, 보험료를 줄이는 방법을 알아보자. 과다하게 설정된 사망보험금 때문에 지출이 너무 크다면 종신보험의 주계약, 즉 사망보험금을 줄이면 된다. 이때 주계약을 낮추면 몇 가지 끼워 넣은 특약들도 연동하여 조정된다. 1억에서 5천으로 낮추어도 특약들이 크게 줄어들지는 않는 게 일반적이다.

암보험은 어떻게 할 것인가? 이미 다른 보험에 특약 형태로 암 진단금이 설정되어 있는지 알아보자. 그렇다면 추가로 가입된 몇 만 원짜리 암보험들은 과감하게 납입을 중단하자. 여기에 실손보험도 가입한 상태라면 망설일 필요 없다. 2009년 10월 이후 실손보험에 가입한 경우, 내가 지출한 의료비의 90% 한도로 최대 5천만 원까지 병원비를 보장한다. 암에 걸려도 병원비 부담은 대부분 해결된다고 봐도 좋다.

이렇게만 정리해도 매월 10만 원은 아낄 수 있다. 다양하고 복잡한 상품들, 가입 시기 때문에 해약하기 아까운 보험들, 가까운 사람에게 가입하여 생기는 불편한 관계 때문에 망설이고 있는가? 그렇다면 한 가지만 기억하라. 여지껏 지출한 돈보다 앞으로 지출할 돈이 더 많다. 그래도 결정이 어렵다면 전문가를 찾아 조언을 듣고 난 다음에 판단하길 바란다.

보험은 나는 물론 내 가정의 재무 목표와 지출 관리를 지켜주는 소중한 보호막이다. 너무 두꺼운 콘크리트처럼, 혹은 너무 깨지기 쉬운 유리막으로도 준비해서는 안 된다. 내 가정의 상태를 정확하게 확인하고 그에 걸맞은 보험을 준비하기 위한 현명한 리모델링이 필요하다. 똑똑한 리모델링으로 보험료는 줄이고 보장은 물 샐 틈 없이 하자.

10
CHAPTER

금리, 주도권을 잡아라

금리인하권은 2002년 8월부터 시행되었으나 잘 알려지지 않은 것이 현실이다. 은행에 가서 신청서와 관련 서류를 제출하면 약정기한 내에 2회까지 신청이 된다. 만약에 이미 우대금리로 금리 적용 중이거나 금리인하요구권의 제한 사유에 해당되는 경우에는 금리인하가 제한될 수도 있다.

대출금리인하를 안내하는 이메일이나 문자 서비스를 받은 사람들의 반응은 대개 비슷하다.

"금리인하라고 하니까 솔깃했죠. 근데 또 피싱 아닌가 싶어서 지울 뻔 했어요."

"아, 이게 모르면 호갱이라고 하던 그 금리인하권인가 했어요. 말로만 들었는데 진짜 이런 게 있더라고요."

피싱이 아닐까 싶어 지우려다가도 금리인하라는 말에 솔깃해서 살펴봤다는 사람들이 대다수다. 하지만 자신과 어떤 연관성이 있는지 알기 쉽지 않았다.

: 왜 내 금리는 비싼가요? :

금리인하요구권이란 대출거래 약정기간 중 신용상태가 개선되는 등 일정한 요건에 해당하는 고객을 대상으로 은행이 정하는 절차에 따라서 이자율을 인하해 달라고 요구할 수 있는 권리를 말한다.

당연히 은행으로서는 반갑지 않은 제도다. 금융위원회의 권유로 홍보는 하고 있지만 금리인하 요구가 쏟아질까 봐 대대적으로 홍보하진 않는다. 예대마진이 적어지고 수익률도 떨어질 것이기 때문이다. 금리인하요구권이 무엇인지 모르는 사람들이 많은 이유도 은행이 나서서 홍보하지 않아서다. 고객의 입장에서는 조금이라도 낮은 금리로 대출 서비스를 활용할 수 있으니 금리인하요구권을 이용하면 이득이다. 반드시 알아두었다가 필요할 때 활용해 보자.

금리인하요구 대상 여신은 가계대출의 경우 담보대출을 제외한 신용대출로 정해져 있다. 금리인하요구권을 쓸 수 있는 자격은 따로 정해져 있다. 은행에서 무턱대고 아무나에게 금리를 인하해 줄리 없으니까 말이다. 은행마다 내부 규정은 약간씩 차이가 있다.

자격 조건은 크게 가계대출인가, 기업대출인가에 따라서 다르다.

가계대출의 경우에는 어느 직장에 다니는가가 중요하다. 은행에서 정한 회사별 등급에 따라서 자격 요건이 달라진다. 일반 회사보다는 상장법인이나 대기업, 정부 공기업을 다니거나 의사, 약사, 공인회계사 등 전문자격증을 취득하면 훨씬 유리하다. 재직증명서를 첨부해서 은행 영업점에 제출하면 금리인하 요청을 할 수 있다. 또 연소득이 많이 증가한 경우에도 금리인하 요구가 가능하다. 은행별로 근로소득자 평균 임금인상률이 두 배 이상 증가하거나, 혹은 30% 이상 임금 상승 등 다양한 조건을 갖고 있다. 상세한 사항은 은행에 문의하면 알 수 있다.

은행과 거래 실적이 늘었거나 자산이 증가했거나 본인의 신용등급이 개선되는 경우도 요청할 수 있다. 100% 신용으로 대출했다가 담보를 제공하게 돼도 금리를 깎을 수 있다. 여기에 부채를 갚은 것도 반영이 되니까 대출상담 시에 빠트리지 말자.

기업대출 금리인하청구 요건은 회사채 등급이 상승했거나, 회사의 재무상태가 개선됐거나, 특허를 취득했거나, 담보를 추가로 제공했거나 기업의 신용도가 개선된 경우에 충족된다.

중요한 것은 은행이 믿고 금리를 깎아 줄 만한, 합당한 근거가 있어야 한다. 사정하거나 큰소리친다고 이자를 깎아 주지는 않는다. 당신에게 금리인하에 합당한 근거가 있다고 판단되면 영업점에 가서 관련 서류와 신청서를 제출하라. 그러면 영업점이 그 근거 서류를 바탕으로 본부에 신청하고 이자를 감면해 준다. 여기서 금리인하 요건과 폭, 조건은 개인별로 조금씩 차이는 있다. 또 금리인하 조건에 해당되더라도 기존에 우대금리를 적용 중인 경우에는 금리인하가 제한될 수 있다.

금리인하요구 신청은 여신 취급일자를 기준으로 3개월이 경과한 후 금리인하 청구요건이 발생한다. 약정기한 내에 총 2회에 걸쳐서 신청이 가능하다. 같은 이유로 6개월 이내에 재신청할 수 없도록 규정이 정해져 있다. 자세한 정보를 알 수 있는 방법은 여러 가지다. 은행 영업점의 안내 데스크와 인터넷 홈페이지, 만기도래 안내장, 대출거래장을 통해서 알 수 있다. 이밖에 대출 통장에 '금리인하요구권' 안내문을 인쇄하고 대출 차주에 대해 이메일을 발송해서 홍보하고 있다.

실제로 이 금리인하요구권으로 이익을 본 사람들은 어떻게, 얼마나 금리를 깎았을까.

M 씨는 1억 3천만 원가량의 대출이 있었다. 대출금을 부지런히 갚아서 부채를 3천만 원으로 줄였다. 개인부채가 줄고 신용이 개선되자 M 씨는 혹시나 하는 마음에 은행을 방문해서 금리인하를 요구했다. 그는 약 0.9% 금리인하 적용을 받았다. 기존 대출금리 4.65%에서 3.75%로 내려간 셈이다. 해당 은행의 대출금은 3천만 원이고 연간 27만 원을 절약하게 됐다.

N 씨도 대출을 하고 난 이후 카드, 급여이체, 펀드 등 모든 거래를 특정 은행에 집중했다. 은행에서는 N 씨를 우수고객으로 선정했다. 영업점에 찾아간 N 씨는 금리인하가 가능하냐고 문의했다.

〔금리인하 요구 사례〕

M 씨		N 씨
3천만 원	대출 금액	4천만 원
당초 4.65% ⋯➜ 변경 3.75%	금리	당초 4.3% ⋯➜ 변경 3.6%
연간 27만 원 절약	혜택	연간 28만 원 절약
부채 감소	변동 사항	해당 은행에 모든 거래 집중

은행에서는 당초 금리 4.3%에서 3.6%로 변경된다고 했다. 해당 은행의 대출금은 4천만 원이고 금리 인하로 해마다 이자 28만 원을 아끼게 됐다. 28만 원의 이자절감 효과는 결코 가볍지 않다. 앞으로도 금리인하요구권을 활용하는 고객들은 점점 늘어날 것이다. 부산은행의 경우 2014년 한 해 동안 금리인하요구권을 승인한 건수가 전년도와 비교하면 두 배 가량 증가했다. 요즘 부채 없는 가정이 없다고 하는데 앞서 언급한 자격 사항에 해당되지 않는지 살펴보길 바란다.

: 금리인하요구권 외면하는 금융회사 :

적지 않은 돈을 절약할 수 있어 유용한 금리인하요구권. 은행 외에 다른 금융회사에서는 어떻게 활용되고 있을까. 여러분이 짐작하듯 보험회사에서도 금리인하요구권을 쓸 수 있다. 보험사는 내부 심사를 걸쳐 금리인하요구권에 대해 심사한다.

2002년부터 여신거래기본약관에 반영돼 왔지만 인정 사유 등이 명확치 않아 한동안 활성화되지 못했다. 지난 2013년, 금융감독원이 금리인하요구권을 활성화시키겠다고 나섰다. 개인의 경우 취업 및 승진, 소득 상승, 전문자격증 취득 등을 제시하고, 기업은 회사채 등급 상승과 재무 상태 개선, 특허 취득, 담보 제공 등의 사유를 금리인하요구권에 반영될 수 있도록 했다. 그리고 보험사 홈페이지와 대출 영업점에 홍보를 강화하도록 하고 주기적으로 금감원에 금리인하요구 실적을 보고하게 했다.

하지만 은행과 대다수 보험회사들이 금리인하요구권에 대해 외면하고 있어서 문제가 되고 있다. 보험회사 역시 금융상품을 판매하고 있으니 다른 금융회사들과 마찬가지로 소비자의 권리를 보장할 의무가 있지만 현실은 그렇지 않다.

일부 보험사들은 금융 당국의 권고로 홈페이지에 금리인하요구권을 안내하고 있다. 하지만 홈페이지에서 홍보 문구를 찾는 게 쉽지 않다. 소비자들의 눈에 띄지 않는 곳에, 찾기 힘든 곳에 게재되어 있기 때문이다. 예를 들어서 A보험사는 홈페이지에서 공인인증서 로그인을 해야만 금리인하요구권을 확인할 수 있도록 해놓았다. 로그인 없이 글을 확인하러 온 소비자들은 안내받을 수 없는 것이다.

또 다른 보험회사인 B보험사는 아예 홈페이지 하단의 '이용약관' 란에서 확인이 가능하다. 대출을 받고자 하는 고객들이 놓치기 쉬운 곳에 금리인하요구권의 안내 사항이 담겨 있는 것이다.

홈페이지 메인 화면에 금리인하요구권을 안내하는 보험사는 단한 곳도 없다. 금리인하요구권 안내가 홈페이지 내 어느 곳에 위치해 있는지조차 모르는 보험사도 있었다. 보험사 관계자들에게조차 금리인하요구권에 대한 교육이 이뤄지지 않은 것이다.

금리인하요구권은 보험회사 외에 신용카드회사 같은 여신사와 상호금융에서도 이용이 가능하다. 홍보가 더욱 활발하게 이루어져서 보다 많은 소비자들이 이러한 사실에 대해서 알아야 한다. 소비자들이 기업에 적극적으로 요청하고 건의해야 기업 역시 소비자 권익 보장에 신경을 쓸 것이다. 지금보다 더 많은 분야에서 이 제도가 적극적으로 활용되었으면 한다.

금리인하요구권을 행사하기 위해서는 소비자들의 노력도 필요하다. 금리인하의 혜택을 보려면 평소에 신용관리를 철저히 해야 한다. 금융회사가 판단하기에 금리를 깎아줘도 될 만큼 믿을 만한 고객이 되어야 한다는 뜻이다.

11
CHAPTER

돈 되는 펀드, 후회하는 펀드

펀드는 유독 말도 많고 탈도 많다. 전문가들이 넘쳐나는데 그들은 하나 같이 수익률만 따지며 가입을 권유한다. 지혜롭게, 내 수준에 맞게 펀드에 가입하고 수익도 볼 수 있는 방법은 없을까? 예금과 적금이 대표하는 '금리 상품'은 목돈 모으기와 저축액 불리기가 목적이다. 하지만 지금이 어떤 시대인가. 살인적인 저금리 시대다. 금리 상품만으로는 기대 수익률을 충족시킬 수 없다.

여기에 가파르게 상승하는 물가도 한몫 거든다. 사실 문제는 금리가 낮아서 자산 증가 속도가 더딘 게 아니다. 그보다는 금리와 물가의 격차가 줄어들거나 역전되는 현상이 저금리 시대의 가장 큰 문제다. 이를 해결하기 위해 펀드 투자가 하나의 선택지가 될 수 있다. 실제로 많은 사람들이 저금리와 높은 물가 때문에 펀드

투자를 한다.

많은 이들이 펀드 투자를 하고 있지만 아직도 우리 앞에는 높은 장벽이 있다. 어려운 용어와 깨알 같이 작은 글씨로 이루어진 투자설명서 등이 그런 것들이다. 남들이 하니까 나도 해야겠고 유행처럼 번졌던 '해외펀드'를 기억하는가? 이것 때문에 애써 모은 목돈이 반 토막 나는 경험을 한 진짜 이유는 펀드를 제대로 알지 못해서다.

펀드(Fund)란 우리말로 '기금'이며, 기금의 활용 용도는 금융상품으로서의 목적에 있다. 펀드는 다수의 투자자가 맡긴 돈을 모아 여러 대상에 투자하고 그 손익을 다시 투자자에게 돌려주는 데에 목적이 있다. 투자 대상은 주식, 채권, 유가증권, 부동산, 선물, 옵션, 금융파생상품, 금, 석유 등등 수도 없이 많지만 대체로 펀드라 할 때는 주식에 투자하는 것이 일반적이다.

많은 사람들이 펀드 투자를 시도하거나 관심을 갖는 것은 펀드가 그만큼 매력적이기 때문이다. 증권사, 은행은 복리로 계산되는 수익률이 물가를 능가한다는 솔깃한 선전문구를 내세운다. 이게 맞아 떨어질 때도 있다. 이외에도 주식을 직접 거래하는 것보다 비용 면에서, 세금 면에서 펀드투자는 확실히 장점이 많은 금융상품이다. 펀드의 장점을 요약해서 정리하면 다음과 같다.

■ 전문가와 의기투합

시장에 대한 폭넓은 지식을 갖춘 전문가가 직접 나선다. 투자 대상인 시장과 개별 종목에 대한 분석을 통해서 포트폴리오를 구성하므로 전문적인 자금운용이 가능하다.

▪ 분산투자 가능

주식과 채권 등 여러 종목에 분산하여 투자한다. 따라서 집중투자에 따른 위험을 줄일 수 있다. 투자 수단은 다양해지고 위험은 더 줄어든다.

▪ 소액투자도 오케이

소액이라도 일단 펀드에 투자하면 펀드 운용 전략과 규모의 경제 같은 혜택을 누릴 수 있다.

▪ 거래비용이 줄어든다

대규모 거래가 가능하다. 따라서 개인이 투자할 때보다 중개비용이나 수수료 등이 낮고 체적거래비용이 줄어든다.

▪ 세금 부담이 낮다

펀드의 경우 전체 수익 중 주식매매 차익에 대해서는 과세가 되지 않는다. 실질적인 절세효과를 따져보면 다른 금융상품에 비해서 매우 높은 편이다.

하지만 양날의 검이라고 했던가. 장점이 두드러지는 반면에 단점 또한 확연하다. 펀드의 단점은 크게 보면 다섯 가지다. 이 다섯 가지 단점을 잘만 피해 가면 적어도 '쪽박'은 없다.

■ 원금 손실의 위험

펀드의 가장 큰 단점은 투자 상품이기에 원금 손실의 가능성이 있다는 것이다. 그 손실은 고스란히 투자자의 몫으로 돌아간다.

■ 저조한 수익

수치상의 수익은 큰데 실질적인 수익이 저조한 경우도 많다. 이는 운용사가 떼어가는 수수료의 크기나 떼는 방법이 천차만별이기 때문이다. 숫자상의 성과만 있고 투자자의 수익은 없는 펀드가 부지기수다.

이 두 가지 단점은 어쩔 수 없는 펀드의 성질 때문이기도 하지만, 어떤 경우에는 투자자들 역시 책임이 있다. 일부 투자자들은 내 펀드를 어떻게 운용할 것이냐 하는 문제를 크게 고민하지 않는다. 혹시 은행과 증권사의 직원들이 읊어주는 과거 수익률만 보고 펀드를 가입하진 않았던가?

지금이라도 늦지 않았으니 뒤돌아보자. 또 믿을 만한 자산운용사를 선택하고 실제로 내 돈을 굴려줄 펀드매니저는 어떤 사람인지도 확인해야 한다. 이 정도 수고도 하지 않으면서 고수익을 기대해서는 안 된다.

■ 충성해도 이득은 없음

세 번째 단점은 한 가지 펀드에 충성해도 돌아오는 이득이 없다는 것이다. 한번 믿고 선택했다고 해서 운용사를 지속적으로 신뢰하면 안 된다. 대표적인 예로 그 유명한 I모 펀드와 D모 펀드를 들 수 있다. 어마어마한 수익률로 2000년대 초반부터 10년 가까이 대한민국을 휩쓸던 펀드였다. 그러나 유능한 펀드매니저의 교체 등의 문제로 지금은 아무 짝에도 쓸모 없는 펀드로 전락했다.

■ 사고파는 어려움

펀드는 주식처럼 내 마음대로 사고팔 수 없다. 펀드는 쉽게 말해서 돈을 싸들고 가서 "제 돈 좀 잘 굴려주세요" 하고 가입하는 것이다. 이뿐만 아니라 가입한 곳에 판매 수수료를 내야 하고 굴려주는 사람은 운용 수수료를 떼간다. 중간에 사정이 생겨 해약하려면 환매 수수료도 떼간다. 옷에 비유하면 디자이너의 개성이 살아있는 맞춤복이다. 그런데 디자이너마다 개성이 다 다르듯 펀드매니저에 따라 투자성향이 다르다. 같은 유형의 펀드라도 수익률이 천차만별이다. 펀드매니저를 잘 만나는 게 매우 중요하다. 어쨌거나 펀드는 특성상 이것저것 비용도 많이 들고 실컷 맞춰놓고도 마음에 안 들어 중간에 교환하려면 마이너스 수익률이다. 다른 펀드로 갈아타기도 애매해진다.

■ 기본적인 원칙 지켜야

마지막 단점은 기본적인 펀드투자의 원칙을 반드시 지켜야 한다는 것이다. 지켜야 할 원칙은 손절 기준과 환매 전략이다. 우리 나라에 상장된 주식 중에 시가 총액 1등부터 200등까지만 투자하는 대형주 위주의 주식형 펀드의 경우, 적어도 3년 이상은 진행해야 재미를 볼 수 있다. 인고의 시간 동안 꾸준히 적립식으로 투자해야만 하며, 시간이 한참이나 됐는데도 마이너스 수익률이 난다면 투자자 스스로 손절 기준을 세워서 과감히 빠져나올 줄도 알아야 한다.

내가 세운 손절 기준점이 누적 납입 원금 대비 마이너스 10%까지라면 그 상황이 되었더라도 웃으면서 감당할 수 있어야 한다. 손절 기준을 지키는 것은 펀드투자의 기본이다.

마찬가지로 기대 수익을 정하고 환매 전략대로 움직여야 한다. 당신의 원칙이 무엇인가. 예를 들어서 누적 납입 원금 대비 15% 수익률 정도면 물가상승률을 커버할 만하다고, 원칙을 세웠다면 지나친 욕심을 부리지 말라. 환매해서 '어깨'에서 빠져 나올 타이밍을 놓치지 말아야 한다.

: 역외펀드, 매력적인가 :

월드컵을 개최하기도 했고 선진국 진입 등의 호재가 있었기 때문에 지난 수년간 브라질과 관련된 펀드와 채권이 인기였다. 이 때문에 국내에서 '역외펀드'가 상당한 이슈였다. 역외펀드는 쉽게 말하면 외제펀드다. 펀드도 외제와 국산이 있느냐고? 물론이다. 역외펀드는 외제, 즉 수입해 온 펀드다. 반대로 우리나라 운용사에 펀드매니저도 우리나라 사람이 운용하는 펀드는 국산이다. 그 펀드가 국내에 투자하면 국내펀드가 되고 해외에 투자하면 해외펀드로 분류한다.

그러므로 역외펀드는 외국 운용사에서 외국인 매니저가 전 세계에 투자하는 펀드라고 정의할 수 있다.

"한국인 친구들, 우리 브라질에 투자할건데 한 번 투자해 볼래?"

이런 식이라고 보면 된다. 가입하는 사람들도 외국인이 주를 이룬다.

해외 여행에도 비유할 수 있다. 국내 여행사에서 내놓은 상품을 샀다고 가정하자. 당연히 비용은 원화로 내고 놀기는 해외에서 놀지만, 우리나라 사람 가이드와 함께 우리끼리 뭉쳐서 논다. 이것이 해외펀드다. 만약에 미국 여행사를 통한다면? 똑같이 해외 여행을 가도 경비를 달러로 내고 가이드도 외국인이고 같이 돌아다니는 여행객들도 거의 외국인이다. 이것이 역외펀드다.

역외펀드는 장점이 확실하다. 해외투자 경험이 많고 실적이 좋은 운용사가 돈을 굴려서 솔깃할 만한 수익을 준다. 이 때문에 국내 상품에 싫증이 났거나 매력을 못 느끼는 사람들이 많이 가입한다. 그런데 아무래도 국내펀드에 비해서 투자하기가 어렵다. 투자하는 나라의 정책과 투자 환경에 대해서 우리나라만큼 잘 알기 어렵기 때문이다.

30대 자영업자 O 씨는 중국 펀드에 투자했다. 환매를 신청했는데 펀드사 직원으로부터 환매대금을 돌려받을 수 있는 날짜를 듣고 깜짝 놀랐다.

"네, 이번 달 30일 아니고 다음 달 30일요? 그렇게 오래 걸린단 말입니까?"

국내펀드의 경우 환매 신청 후 영업일 기준으로 4일이 지나면 환매 금액을 받을 수 있다. 아무리 역외펀드라지만 국내펀드와 차이가 너무 컸다.

"고객님, 죄송하지만 그 부분은 중국 내 정책이기 때문에 저희도 어쩔 수 없습니다."

"아무리 그래도 40일 후에 받는 건 너무한데요."

"죄송합니다, 고객님."

기다리는 것 외에 O 씨가 할 수 있는 일은 없었다.

마지막으로 역외펀드에 투자할 때 가장 많이 주의를 기울여야 할 사항은 환율이다. 외제펀드라서 달러로 가입하고 환매할 때도 달러로 돌려받기 때문이다. 한 마디로 환율에 너무 크게 영향을 받는다. 만약에 주식도 오르고 환율도 오른다면 두 배로 좋을 것이다. 실제로 역외펀드는 전문가들이 추천하는 '환테크' 상품 중 하나다. 환율이 떨어졌을 때, 달러나 유로화로 투자를 하면 펀드를 정리한 후 수익금도 달러나 유로화로 받을 수 있다. 환율이 오르면 환차익을 누리고 떨어지면 쥐고 있으면 된다는 게 전문가들의 설명이다.

그런데 환율이 마구 떨어진다면? 이름 없는 국내펀드에 투자한 것보다 못한 결과가 된다. 실제로 역외펀드가 성공하기 어려운 이유도 환율에 있다. 투자자들은 환차익을 거둘 수 있는 동시에 환변동성으로 손실을 얻을 수도 있다는 점을 숙지해야 한다. 브라질채권이 연 10% 내외의 고수익을 제공했지만 브라질 통화인 헤알화 가치가 폭락하면서 국내 투자자들이 피해를 본 사례가 있다. 역외펀드는 이렇게 난이도가 높은 펀드이며 환율에 대해 해박한 지식이 없으면 성공하기 어렵다. 뉴스나 경제신문에 오르내리는 해외의 유명 투자회사라고 해서 단순히 브랜드 따지고 유행 따져 투자했다가는 큰 낭패를 볼 수 있다.

: 펀드운용 원칙, 칼 같이 지켜라 :

필자도 고객 자산의 리밸런싱 전략을 고민하던 중에 '조금 더, 조금만 더…' 하고 욕심을 내다가 타이밍을 놓쳤던 뼈 아픈 기억이 있다. 필자는 늘 비관적인 우려 속에서도 희망이 싹튼다고 기대를 걸곤 한다. 하지만 고객의 자산에 대해 모니터링을 할 때는 확고한 리밸런싱 전략이 필요하다. 펀드운용에 왕도는 없다. 하지만 무턱대고 환매할 게 아니라 다음과 같은 몇 가지 원칙을 세우고 반드시 지키려는 노력이 필요하다.

■ 목표수익률 확인은 필수

상담을 통해서 펀드에 가입했다면 내가 원하는 목표수익률을, 예를 들면 '수익률 10%'와 같이 명확하게 정하자. 목표수익률을 달성하면 바로 환매하고 떨어졌을 때 들어가는 것은 누구나 아는 방법이지만 그대로 실천하기가 쉽지 않다. 펀드투자에 실패하지 않기 위해서는 정확한 원칙을 세우고 이를 실행할 수 있어야 한다.

■ 월 적립금의 30배가 되었다면?

30개월 넘게 펀드를 부었다면 우리는 여러 가지 사항을 고민해 봐야 한다. 펀드의 수익률이 저조하거나, 벤치마크 수익률에 비해 크게 떨어지진 않았는가? 비슷한 유형의 펀드에 비해 부진하지 않은가? 또는 수탁고(투자신탁회사들이 수익증권을 매각한 후 환매되지 않고 남아 있는 순자산 가치)가 급격하게 감소하거나, 펀드매니저가 지나치게 자주 변경되지 않았나? 운용사의 상황이 어렵지는 않은가? 그렇다고 판단될 때에는 다른 펀드로 갈아타는 전략을 세워야 한다. 이를 정확히 판단하기란 어렵지만 그대로 내버려뒀다가는 화를 입을 수 있다. 과감한 선택이 필요하다.

■ 목표 달성이 1년도 안 남았다!

대부분 펀드매니저들은 고객에게 3년 이상의 중장기 플랜에 활용할 수 있는 자금을 갖고 투자하라고 권유한다. 그동안 재무 목표에 맞춰 수익을 올리거나 또는 아쉽게 손실을 보는 경우가 종종 있었다. 지금 돌아보니 아쉬운 사례들이 기억난다.

예를 들어서 수익률 100%를 달성한 상황에서 시장의 긍정적인 면만 본 경우가 있다. 좀 더 있으면 200%가 날 것 같아서 그냥 기다렸는데 주가가 다시 떨어졌다. 이런 상황을 방지하기 위해서는 위에 제시한 첫 번째 원칙인 목표수익률을 지켜야 한다. 또 재무 목표의 기간이 1년 미만이라면 부분 환매 전략(임의식일 경우)이나 안전 자산으로 이동하는 게 바람직하다.

왜냐하면 무엇에 지나치게 열심히 집중하면 자기도 모르게 눈이 멀게 되기 때문이다. 평상시라면 관심을 보였을 자극도 인지하지 못한다. 이와 유사한 극적인 사례를 하나 소개하겠다. 크리스토퍼 차브리스와 대니얼 사이먼스의 공저《보이지 않는 고릴라》에 다음과 같은 이야기가 나온다.

두 교수는 농구공을 패스하는 두 팀이 나오는 짧은 동영상을 만들었다. 한 팀의 학생들은 흰색 셔츠, 다른 팀의 학생들은 검은색 셔츠를 입고 있다. 동영상의 시청자들은 흰색 셔츠를 입은 팀의 패스 횟수를 세라는 지시를 받는다. 농구 경기에서 패스 횟수를 세는 것은 몰입과 집중이 필요한 일이다. 그런데 동영상 중간에 고릴라 복장을 한 학생이 등장해서 9초간 코트를 가로질러 간다.

수천 명이 넘는 사람들이 이 동영상을 봤는데 절반 정도는 이 장면을 보지 못했다고 대답했다. 흰색 셔츠를 입은 팀의 패스 횟수를 세라는 지시를 따랐기 때문이다. 이 지시를 받지 않고 동영상을 본 사람들은 거의 모두 고릴라를 알아 봤다. 이 실험의 결론은 '우리는 명백한 것조차 못 볼 수 있으며, 자신이 못 본다는 사실도 모를 수 있다.'라는 것이다.

펀드 운용에 있어서 필요한 것은 하나에 집중된 시야보다 여러 가지를 보는 너른 안목이다. 정리하면 '펀드'는 저금리와 물가상승을 이겨낼 만한 몇 안 되는 적절한 대안으로서의 금융투자 상품이다. 그런데 구조적으로 매우 어려운 상품을 쉽게 가입하는 게 문제다. 진짜 전문가로부터 투자원칙을 잘 세우고, 잘 지켰을 때 목적을 달성할 수 있다.

언제나 그렇지만 모든 선택은 전적으로 자신이 책임져야 한다. 따라서 신중하게 살펴보고 고민한 뒤 결정해야 한다. 미래는 정확히 알 수 없으니 선택은 그 자체로 배팅이다. 그때 상황에서는 옳은 결정이었다 하더라도 결과적으로 손실을 발생시킬 수 있는 경우도 허다하다. 투자는 가능성과의 싸움이다. 가능성에서 100% 라는 개념은 존재하지 않는다. 나만의 원칙은 그래서 중요하다.

12
CHAPTER

수수료의 모든 것

: 은행에 효도하는 수수료 :

2015년 3월 12일, 한국은행이 기준금리를 사상 최저인 연 1.75%로 낮추면서 대출금리는 2%대로 하락했다. 더불어서 이 기회를 타서 낮은 금리의 대출상품으로 갈아타려는 움직임도 활발하다. 그런데 이게 말처럼 쉽지 않다. 대출금 중도상환 수수료가 발목을 잡고 있기 때문이다. 중도상환 수수료는 만기 이전에 대출금 전부를 갚으려는 사람에게 물리는 일종의 해약위약금이다. 소비자들은 약속한 기간보다 빨리, 빚을 갚아도 은행에 수수료를 내야 한다.

　P 씨는 2014년에 경기도에 아파트 한 채를 마련했다. 이 과정에

서 잔금 6,000만 원을 주택담보대출을 받아 치렀다. 원금 일부와 이자를 매달 갚기로 하고 연 4.1%의 금리를 적용받았다. 그런데 대출금리는 계속 떨어졌고 지금도 떨어지고 있다. 2%대 금리까지 등장하고 있어 대출상품을 갈아타야겠다고 마음먹었다.

"대출한 은행에 가서 빚을 전부 갚겠다고 했더니 중도상환 수수료를 1.5% 넘게 내야 한다는 겁니다. 수수료를 내고 나면 기껏 갈아타도 남는 게 없어 포기했습니다."

중도상환 수수료는 은행이, 약정한 만기까지 남은 기간과 대출 잔액을 따져서 계산한다. 대출금의 1.5%를 매기는 은행이 많고 지방 은행과 일부 외국계 은행은 2%까지도 물린다. 이상한 게 대출금리는 내려도 중도상환 수수료는 10년 넘게 1.5~2% 수준에 머물러 있다. 기준금리는 2000년 3월 5%에서 2015년 3월, 1.75%로 떨어졌고 가계대출 금리가 10%대에서 2%대로 떨어졌는데도 수수료는 꿈쩍할 줄 모른다. 대출 당시에 약속한 사항이라 소비자들은 울며 겨자 먹기로 은행에 중도상환 수수료를 내거나 아니면 갈아타기를 포기하고 만기까지 대출금을 갚아야 한다.

이런 이유로 불만의 목소리가 점점 높아지고 있다. 금융위원회와 금융감독원이 나서서 은행에 중도 수수료 인하를 권고했다. 그러나 국책은행인 기업은행 한 곳만 인하를 시행했고 다른 은행은 모두 꿈쩍도 하지 않았다. 은행들은 왜 수수료 인하에 소극적일까? 우선 고객이 거래하던 은행을 바꾸거나 다른 상품으로 갈아타는 것을 막아야 하기 때문이다. 이밖에도 여러 이유가 있겠지만 금리가 싸진 것도 무시할 수 없다. 금리가 너무 싸져 금리 마진이 줄어든 상황에서 금융감독 기관이 권고한다고 해서 수수료를 낮추지는 않는다. 수수료 수익을 선뜻 포기할 수가 없기 때문이다.

수수료는 아끼면서 대출금리가 낮은 상품으로 갈아타고 싶은 서민들을 위한 정책을 활용해 보자. 이를 위해 정부가 내놓은 여러 정책들을 살피는 자세가 필요하다.

또 대출상품 갈아타기를 생각하기 이전에 중도상환 수수료 면제 조건을 알아두고 해당 여부를 확인해 보자. 면제를 위한 세부 조건은 은행마다 조금씩 다르다. 하지만 기본적인 조건은 은행마다 비슷하다. 은행연합회가 내놓은 자료에 의하면 대출 후 이자 또는 원리금을 3년 이상 납부했다면 면제 대상이 된다. 또 예적금, 수익증권 등을 담보로 받은 대출은 중도상환 수수료를 물지 않는다. 만기 1~3개월 전에 원금 전부를 상환했을 때도 수수료를 면제받을 수 있으면 같은 은행에서 변동금리 상품을 고정금리 상품으로, 거치식 대출을 비거치식 대출로 갈아탈 때도 수수료를 물 필요가 없다.

하지만 소비자들이 원하는 바는 이보다 더 넓은 범위에서, 지금보다 할인된 수수료만 내고 대출상품을 갈아타는 것이다. 대출자가 중도상환 수수료 부담 없이 상황에 따라 대출 기간을 늘렸다 줄였다 할 수 있도록 대출 상품을 다양화하는 정책적 지원도 필요하다.

대출금 중도상환 수수료와 더불어서 계좌이체 · 환전 · 송금 수수료 역시 은행과 거래할 때마다 물어야 하는 주요 수수료 중 하나다. 타은행으로 송금하는 경우 수수료는 결코 적지 않다. 예를 들어서 은행 창구에서 10만 원을 다른 은행으로 송금할 수수료가 1,500원이라고 하자. 대수롭지 않게 여길 수도 있지만 송금하는 돈의 1.5%나 되는 돈이다. 어쩌다 한 번이 아니라 자주 송금 서비스를 이용하면 한 달에 수수료만 몇만 원을 물게 되는 경우가 있다. 예금 이자는 몇천 원이라도 더 받으려고 하면서 수수료 몇만 원은 아깝지 않은가. 별 생각 없이 물지만 그 돈이 쌓이면 부담이 적지 않다.

수수료를 아끼는 방법은 은행 창구보다 ATM, 인터넷뱅킹 · 폰뱅킹 · 모바일뱅킹을 이용하는 것이다. 은행 창구보다 ATM, ATM보다 인터넷뱅킹이나 모바일뱅킹이 수수료가 낮다. 10만 원을 다른 은행으로 이체할 때 창구를 이용하면 최대 3천 원의 수수료를 내야 하지만 ATM은 500~1,000원, 인터넷뱅킹은 500원의 비용이 든다.

은행이 영업하는 시간 안에 거래하는 것도 방법이다. ATM만 해도 은행 영업 시간인 오전 9시~오후 4시를 넘기면 수수료를 더 내야 한다. 단순히 현금을 인출하더라도 은행 마감 시간 이후에는 500~700원의 수수료를 내야 한다. 거래 은행이 아닌 다른 은행의 ATM, 편의점에 설치되어 있는, 여러 은행의 카드를 다 받아주는 ATM을 이용하면 두 배 가까운 수수료를 내야 한다.

: 이 순간에도 새고 있는 카드 수수료 :

누구나 서랍 속에 넣어두고 쓰지 않은 신용카드가 한두 장쯤은 있을 것이다. 심한 경우에는 열 장 넘는 카드가 빛도 못 보고 있는 경우도 있다.

"TV 살 때 카드 발급받아서 사면 할인해 준다고 해서 발급받고 잘 안 쓰는 경우가 많아요."

"놀이공원 갈 때 50% 할인되잖아요? 패밀리 레스토랑에서 할인되는 카드도 있고."

서랍 속에서 잠자고 있는 신용카드는 하루라도 빨리 해지하는 게 좋다. 그냥 두면 금융 범죄에 이용당할 수도 있고 무엇보다 잔여 연회비를 돌려받을 수 없기 때문이다. 많은 사람이 잘 모르는 정보 중에 하나가 카드를 해지하면 연회비를 돌려받을 수 있다는 점이다. 이미 납부한 연회비를 하루 단위로 계산해서 돌려받을 수 있다. 연회비는 카드 회원이 1년 간 카드 사용 자격을 얻기 위한 비용인데, 카드를 이용하지 않은 기간에 대해선 연회비를 되돌려 받는 개념이다. 7개월 반 가량 카드를 사용한 후 카드를 해지한다면 나머지 약 4개월 반에 대한 잔여 연회비를 반환받게 된다. 예를 들어 연회비가 1만 2,000원이라면 약 4,500원을 돌려받을 수 있다. 불필요한 카드를 하루라도 빨리 해지하는 게 돈을 버는 셈이다.

제외되는 금액도 있다. 카드 제작비나 카드 배달에 쓰인 우편료와 같은 신규 발급 비용과 카드 회원이 받은 부가 서비스 혜택은 반환 금액 산정에서 제외될 수 있다. 카드 연회비는 기본 연회비와 제휴 연회비로 나뉘는데, 제휴 연회비에서 카드 회원이 부가 서비스를 통해 이득을 취했기 때문에 다 돌려받지 못할 수 있다.

신용카드 개인회원 표준약관에 따라 잔여 연회비는 10일 이내에 카드 회원의 결제 계좌로 입금된다. 제휴 서비스 이용에 따른 확인이 쉽지 않은 상황과 같은 불가피한 경우 최대 3개월 이내에 돌려받게 되지만 대부분 1주일 이내 반환된다.

잘 쓰지 않고 돌아다니는 카드는 분실 및 도난 위험이 높다. 군이 쓰지 않는 카드를 갖고 있을 필요는 없다. 최근 2~3년 새 금융 당국이 휴면 카드 감축에 나선 이유 중 하나도 부정 사용을 막기 위해서다.

당연한 얘기지만 카드 해지 신청 자체로 상환 의무가 없어지진 않는다. 기존 이용 금액 잔액은 카드사의 상환 스케줄에 따라 청구된다. 또 체크카드라도 후불교통카드 등 신용 부분에 대해서는 해당 금액 납부가 마무리돼야 최종 해지 처리된다. 해지 신청 후에도 SMS 수수료, 후불교통카드대금, 휴대전화 또는 보험료 자동이체와 같은 무승인 이용액은 청구될 수 있다.

금융 함정을
피하라

재산은 가지고 있는 자의 것이 아니고
그것을 즐기는 자의 것이다.

− 하누얼

13
CHAPTER

모르면 못 받는다, 보험금

살다보면 갑자기 병원 신세를 지게 될 때가 있다. 각종 검사비와 입원비, 치료비가 청구될 때 우리는 예전에 가입해 놓았던 보험을 떠올린다. 보험회사 콜센터에 전화를 걸어 상황 설명을 하면 필요한 서류를 알려준다. 서류를 접수하고 얼마 후 통장으로 돈이 입금된다.

"갑자기 공돈이 생긴 거 같아 기분이 좋죠."

"공짜로 치료받은 거잖아요. 보험 들어놓길 잘 했다 싶어요."

보험료를 지급받은 사람들의 대부분은 이렇게 반응한다. 예측할 수 없는 질병과 사고에 대비책을 마련해 놓은 자신의 준비성에 대견해 하면서.

그런데 한편으로는 이렇게 생각할 수도 있다. 당신은 지금까지 아플 때나 아프지 않을 때나, 비가 올 때나 눈이 올 때나 한결같이 매달, 보험료를 납입해 왔다. 공돈이 생긴 게 아니라 받아야 될 돈을 받은 것이다. 당연히 누려야 할 권리인 것이다. 아니, 어쩌면 원래 받아야 할 보험금보다 적은 돈을 받았을 수 있고 또 보장받지 못한 보험이 있을지도 모른다.

: 진땀 빼야 받는 보험금 :

소비자 입장에서 매월 비싼 보험료를 내는 이유는 무엇인가? 내가 아프거나 다쳤을 때 가족을 위한 최소의 보장자산으로 정당한 보장을 받기 위해서다. 그러나 분명히 받을 수 있는 보험금인데 보험회사의 횡포로 받지 못한다면? 흔히, 보험금은 알면 받지만 모르면 못 받는다고 한다. 알려져 있다시피 보험회사들이 그리 호락호락하지 않기 때문이다. 구애에 적극적이다가 싫증났을 때 뒤도 돌아보지 않고 떠나버리는 나쁜 남자처럼 보험회사는 늘 두 가지 얼굴을 하고 있다. 가입 당시에는 적극적이지만 보험금을 줄 때는 냉정하기 짝이 없다. 이제라도 제대로 알고 내 보험금을 당당하게 요구하자.

필자도 보험금을 지급받느라 진땀을 뺀 기억이 있다. 일 년 전에 새해를 맞아 살과의 전쟁을 선포하고 집 근처 피트니스센터에서 트레이너와 함께 운동하는 PT를 등록해 열심히 운동했다. 운동을 시작한 지 3개월쯤 되던 무렵, 트레이너와 운동을 하는 도중 기구에 중심을 잃어 옆으로 넘어지면서 허리에 충격을 받았다. 처음에는 운동을 중단하고 집에서 핫팩을 이용해 찜질을 하며 견뎠다. 그러다가 통증이 점점 심해져 병원 응급실에 갔다. 병원에서 MRI 촬영을 한 후 급성추간판탈출증, 이른바 허리 디스크라는 진단을 받고 바로 신경박리술을 통한 응급 치료를 받았다.

치료 비용도 꽤 나왔지만 다행히 실손보험에 일반상해 의료비 담보를 갖고 있어 치료비를 전액 보상을 받을 수 있었다. 그러던 차에 모 기업에서 강의 요청이 들어왔다. 강의의 한 파트인 '모르면 받지 못하는 보험금'에 대해서 조사하면서 너무나 기막힌 사실을 알게 되었다.

우선 필자의 사례를 보자.

1. 운동 중(상해로 인한) 급성추간판탈출증 진단으로 신경박리술 시행
2. 운동 시 내가 비용을 지급한 장소에서 전문 트레이너와 함께 운동을 하다 상해 발생

참고로 필자는 2008년 실손의료비 보험과 2003년에 생명보험, 두 가지에 가입되어 있는 상황이었다. 첫 번째 사항과 관련해서는 우선 치료비 전액을 실손의료비로 지급받고 향후 치료비도 받을 수 있다. 카테터를 이용한 신경박리술을 시행한 것에 관해서는 생명보험사 고객센터로 수술비의 지급을 문의했다. 하지만 지급

되지 않는다는 설명을 들었다. 조사 과정에서 다시 확인을 해보니 모두 지급받을 수 있는 부분이었다. 또한 추간판탈출증에 대한 진단을 받게 되면 후유장해 10% 정도의 진단을 받을 수 있다. 보험사에 후유장해 진단금을 추가로 요청하면 돈을 지급받을 수 있다는 것이다. 후유장해 진단금은 손해보험사 및 생명보험사 양쪽에 각각 청구할 수 있다. 생명보험에는 수술비에 대한 청구도 가능하기 때문에 필자는 고객센터 녹취 파일을 통해 잘못 안내된 점을 지적했다. 그 결과 보험금 지급이 지연됨에 따른 이자까지 보험사에 청구해 지급받을 수 있었다.

재미있는 사실을 하나 더 이야기하자면, 정당하게 금액을 지불하고 전문 트레이너와 함께 운동을 하다 상해사고를 당했으므로 손해배상 청구가 가능하다는 점이다. 치료비와 향후 후유장해의 진단 등과 관련된 손해배상 금액을 피트니스센터에서 가입한 시설물 배상책임 보험을 통해서 청구할 수 있다.

트레이너와 함께 운동을 하지 않고 혼자 하다가 다치는 경우는? 이런 경우에도 청구가 가능한데 헬스장 내에 CCTV가 있거나 상해사고 후 바로 담당 직원을 통해 사고 사실을 알리고 그 사실을 증명할 수 있어야 한다. 피트니스센터가 보험에 가입하지 않았다면, 사업주에게 손해배상을 청구할 수 있으니 이점 또한 기억해 두는 것이 좋겠다.

: 방심하면 놓치기 쉬운 보험금 :

 자동차 접촉 사고 역시 그 정도가 심각하지 않으면 대수롭지 않게 지나치는 경우가 많다. 만약에 2주 정도의 염좌 진단이 나온 경우 2~3일 치료를 받았다면? 보험사에서 시도하는 합의에 따라서 일정 금액을 받고 퇴원하는 경우가 거의 대부분이다. 필자도 이와 비슷한 경험이 있다.

 그러나 방사선 검사상 골절이 없다 하더라도 자동차 사고의 경우 시간이 지난 후에 저림 현상이나 통증이 오는 경우가 이외로 많다. 그러므로 충분히 치료를 받고 필요시 정밀 검사까지 받은 후에 합의를 하는 것이 현명하다. 또한 합의한 후 추가적으로 보험금을 더 수령할 수 있는 경우가 발생하기도 한다. 이때는 다음과 같은 내용을 반드시 체크해야 한다.

 보험회사와 합의할 때는 합의서에 '현재 이후에 사고 건으로 발생될 수 있는 후유장해에 대해서는 재판정 및 재산정을 할 수 있다'라고 명시해야 한다. 자신의 몸 상태를 정확하게 체크하고 치료 및 합의할 것을 권장한다.

 암진단 보험금도 잘 모르면 손해를 보기 일쑤인데, 필자의 지인이 몇 년 전 뇌하수체 선종을 진단받아 경계성 종양의 진단비 300만 원과 병원비를 실비로 청구했다. 그런데 한 달 후 지인으로부터 다시 연락이 왔다. 종양이 주위 조직에 침범하여 수술로는 완치가 불가능하고 재발 가능성이 있다는 것이다. 그래서 보조요

법(대표적으로 방사선 치료 등)이 필요하고, 이러한 치료를 받을 때는 생명의 위험이나 신경학적 장해가 발생할 수 있다고 의사에게 전해 들었다는 것이다. 방사선 치료가 필요한 점이나 여러 가지 상황 등을 볼 때 지인의 질환은 경계성 종양이 아니라 일반암과 동일하다고 봐야 한다. 그래서 전문 손해사정사의 도움을 받아 뇌하수체 악성종양 진단을 받았다. 지인이 가입한 보험사를 통해 일반암 진단비 3천만 원 중 300만 원을 제외한 2천 7백만 원의 금액을 추가로 수령할 수 있었다.

: 모호한 보험 조건, CI보험 :

모호한 보장 조건으로 고객에게 혼란을 주는 보험상품들도 있다. 대표적인 것이 바로 CI보험이다. CI보험의 보장 여부를 두고 가장 많은 문제를 일으키는 질병은 바로 뇌졸중이다. 보험 약관에서 언급하는 중대한 뇌졸중은 거미막밑출혈, 뇌내출혈, 기타 비외상성 머리내 출혈, 뇌경색이 발생하는 것을 의미한다. 전문 용어로 회복될 수 없는 '영구적인 신경학적 결손'이 나타나야 한다는 것이다.

CI보험은 치명적 질병보험(Critical Illness)을 뜻한다. 종신보험에 CI보장을 결합해서 중대한 질병이나 수술 등 발생 시 치료자금 용도로 사망보험금의 일부를 미리 지급하는 보험이다. CI보험 약관에 쓰여 있는 '중대한 질병'은 중대한 암, 중대한 뇌졸중, 중대한 급성심근경색증, 말기 신부전증, 말기 간질환, 말기 폐질환 등을 일컫는다.

그런데 이 CI보험에서 말하는 '중대한'의 정의가 항상 논란이 되곤 한다. 따라서 일반적인 암이나 뇌졸중 등의 진단서를 발급받은 때는 CI보험 약관의 정의에 부합하는지 꼼꼼히 따져봐야 한다. 또 CI보험에 가입할 때 보험 안내 자료와 약관 등을 통해 보장대상 질병의 종류와 정의를 미리 확인하고 가입하는 게 바람직하다. 재무상담사로 오랫동안 일하는 필자도 몰라서 받지 못하는 보험금이 있을 뻔 했는데 일반인들은 어쩌겠는가? 두꺼운 책으로 한 권 분량인 보험 약관을 가방에 들고 다닐 수도 없는 노릇이다. 중요한 것은 가만히 있는 고객에게 보험회사가 나서서 권리를 지켜주지 않는다는 것이다. CI보험은 안타깝게도 고객이 직접 나서서 보험금 지급 여부를 알아보고 부당함에 대해서는 항의하는 방법밖에 없다. 내 보험증서에서 CI라는 단어가 있다면, 보험료를 계속 내야 할지 진중하게 고민하기 바란다.

14
CHAPTER

보험금 앞에서 돌변하는 그들

보험사에는 소송 담당부서가 따로 있다. 고객과의 보험금 지급을 둘러싼 분쟁이 야기됐을 때 소송을 진행하는 게 이 부서가 하는 일이다. 그런데 보험사들은 작은 분쟁에도 소송부터 하려고 든다. 알고 보니 다 그만한 이유가 있었다. 바로 소송에 취약한 개인의 상황을 이용하는 것이다.

: 무조건 소송부터 하는 보험사 :

소송 담당 부서가 따로 있는 보험회사로서는 소송이 그리 부담스러운 일이 아니다. 법 조항에 빠삭한 전문가들도 있고 소송 역시 보험회사의 업무 중 하나이기 때문이다. 그런데 평생 소송이라고는 해본 적이 없는 고객의 입장에서는 어떨까? 소송을 어떻게 진행해야 하는지 잘 모를뿐더러 알고 있다고 해도 생업을 병행하며 소송을 진행하기란 매우 버겁다. 또 소송에 드는 비용을 감당하는 것 역시 쉽지 않다.

그렇게 때문에 보험회사는 쌍방이 조율할 수 있는 분쟁도 일단 소송부터 하고 본다. 소송을 걸면 심적인 부담을 느낀 고객들이 보험금의 일부만 받고 포기하는 일이 많기 때문이다. 소송을 제기하면 보험사가 주도권을 잡기 때문에 70~80%는 보험사에 유리하게 결정된다고 업계에서는 이야기한다. 뿐만 아니라 17대 국회의 국정 보고서를 보면 보험회사와 소비자 간의 소송에서 소비자가 이길 확률은 4%밖에 안 된다.

보험회사가 소송을 좋아하는 두 번째 이유는, 민원 건수를 줄이기 위해서다. 민원 접수가 많아지면 보험사로서는 불리하다. 보험사 평가에서 나쁜 점수를 받고 감독도 받게 된다. 심지어 보험회사 직원들의 급여와 승진도 민원 건수와 관련이 있다. 팀원이 민원을 많이 받으면 개인의 점수도 깎이고, 팀 실적도 깎이고, 누적되면 진급에 불리하다는 게 소송 담당 직원들의 설명이다. 상황이 이러하니 직원들이 나서서 민원을 줄이고 소송과 수사 의뢰를 늘릴 수밖에 없다. 소송을 하면 고객들이 민원 접수조차 할 수 없다는 점을 악용하는 것이다.

Q 씨는 1년 전, 교통사고를 당해서 허리를 크게 다쳤다. 수술을 받은 그는 미리 가입해 둔 보험회사 세 곳에 보험금을 청구했다.

"두 곳에서는 바로 지급했는데 한 군데서 저를 보험사기범으로 몰았어요."

후유장해 보험금 4천여 만 원을 청구한 Q 씨를 상대로 보험회사가 수사 의뢰를 한 것이다. Q 씨는 경찰에 일 년 동안 사기미수 혐의로 조사를 받았다.

"무혐의 처분을 받았는데 이번에는 법원에다 소송을 내더군요. 아주 괴롭죠. 생각지도 못한 사고를 당한 것도 억울한데 사기범으로 오해까지 받는다고 생각해 보세요."

보험회사는 지금까지도 보험금 지급에 대해서 명확하게 이야기하지 않고 계속 시간을 끌면서 소송을 진행 중이다. 보험사를 상대로 항의할 때마다 Q 씨가 가장 많이 들었던 말은 '억울하면 소송하라'였다고 한다. 지루한 싸움이 언제 끝날지 생각하면 Q 씨는 막막하기만 하다.

보험금 지급 논쟁에서 Q 씨와 같은 피해를 당한 소비자는 한둘이 아니다. 2014년 손해보험사들이 분쟁 조정 중에 소송을 제기한 건수를 보면 알 수 있다. 2013년보다 그 수가 76%나 급증했다. 동부화재가 163건으로 가장 많았고, 현대해상(143건)과 메리츠화재(113건), LIG손보(79건), 한화손보(74건), 삼성화재(68건)가 뒤를 이었다. 특히 메리츠의 경우 한 해 전보다 소송 건수가 아홉 배 가까이 늘었다.

　이렇게 악착 같이 보험금을 깎으려는 보험회사를 상대로 소비자가 권리를 당당히 누리려면 어떻게 해야 할까. 계약 당시 약속했던 대로 보장받기 위해서 소비자들이 알아야 할 정보를 소개하겠다.

: 보험금 받을 때 명심할 사항 :

■ 계약 전 알릴 의무에 주의하라

　고객이 보험금을 청구하면 보험회사는 제일 먼저 지급심사를 한다. 지급심사란 보험금 청구가 접수됐을 때 의심이 가는 건을 직접 조사하는 것이다. 고객이 가입 후 2년 이내에 보험금을 청구하면 보통 보험금이 20만 원 이하의 소액건이 아닌 이상에는 보험회사는 조사에 들어간다. 이것은 가입한 상품과 상관 없이 모든 피보험자들에게 해당되는 사항이다.

　약관을 살펴보면 '계약 전 알릴 의무를 위반'한 경우 보장개시일로부터 보험금 지급 사유가 발생하지 않고, 2년이 지났을 때 계약을 해지하거나 보장을 제한할 수 없다고 명시돼 있기 때문이다. 보험에 가입한 지 2년 이내인 계약자 또는 피보험자가 계약 전 알릴 의무를 위반했다는 사실을 보험회사가 밝혀냈다고 하자. 보험회사는 이 사실을 빌미로 계약을 일방적으로 해지할 수도 있고 보험금 지급을 제한할 수도 있다.

또 2년이 지났다고 해도 안심할 수 없다. 2년이 지난 경우 보험
회사가 일방적으로 해지권을 행사할 수 없을 뿐이지, 보험금을 지
급해야 하는 것은 아니기 때문이다. 계약 당시에는 별것 아닌 것
같은 사소한 조항까지 챙겨놓아야 보험금을 청구할 때 고생하는
일을 방지할 수 있다.

■ 누구도 믿지 말라

보험회사에 보험금을 청구하면 앞서 말한 보험사의 지급심사를
이유로 심사자가 나온다. 그가 하는 일은 고지의무 위반이나 허위
진료 사실을 확인하는 것이다. 그런데 이들의 숨겨진 임무는 보험
금 제한과 삭감 요인을 찾아내는 것이다. 신문이나 뉴스에 나오는
가입자 미행과 몰래 카메라 사건 등을 일으킨 장본인들이다.

따라서 제일 먼저 심사자의 신분을 확인하자. 소속을 보고 손해
사정사 자격을 확인해야 한다. 심사자는 손해사정 위탁 업체 소속
일 가능성이 높다. 보험사 직원이 아닌 것이다. 혹시라도 보험사
직원인 것처럼 행세하는 심사자가 있다면 보험사에 항의해야 한
다. 이들은 보험사와 뜻을 같이 하는 소비자들의 적이다.

중요한 것은 기선제압이다. 호락호락하게 보여서는 안 된다. 심
사자들은 지급조사를 하는 과정에서 피보험자들을 위압적으로 대
하는 일이 많다. 이들 상당수가 전직 경찰이기 때문에 심문하듯이
몰아세우는 경우가 많다. 일부 악덕 심사자들은 노골적으로 보험

사기가 아니냐고 묻기도 한다. 조금이라도 모멸감이 느껴지거나 부당하다는 생각이 들면 심사를 거부하고 보험사에 항의하라. 당신은 권리를 누려야 할 고객이지 죄인이 아니다.

또 어떤 심사자들은 개인 정보 활용 동의서에 서명하라고 부추기기도 한다. 이는 법에 근거한 정식 문서가 아니라 보험사가 임의로 만든 문서다. 보험사가 요구하는 정보에 모두 접근할 수 있도록 접근권을 넘기겠다는 게 문서의 주요 내용이다. 심사자는 동의하면 보험금 지급이 빠르다는 등 엉뚱한 이유를 대며 서명하라고 한다. 이럴 경우 절대로 서명해서는 안 된다. '설마 그렇게까지….' 라고 생각할지 모르겠지만 현실은 막장드라마가 따로 없다.

특히 진료 기록을 보겠다, 복사하겠다고 하면 각별히 주의를 기울여야 한다. 진료기록 열람은 반드시 본인 확인을 거치고 동행하에 이루어져야 하며 함부로 복사하지 못하게 막아야 한다. 보험사 직원이 피해자의 서명을 위조하여 진료기록을 외부로 유출시키는 사건도 아무렇지 않게 버젓이 일어나고 있다. 절대로 방심해서는 안 된다. 마지막으로 인감증명서를 제출하라고 요구할 수도 있다. 역시 줘야 할 이유도, 의무도 없다. 또 MRI 촬영을 제한하거나 퇴원을 요구하는 등 우리의 권리를 침해하는 요구 등을 해올 경우도 있다. 이럴 때는 일단 거절한 다음 법 규정과 사유를 담은 공식 문건을 보내서 정식으로 요청하라고 말해야 한다.

■ 의사는 누구 편일까?

보험회사는 환자를 진료한 의사가 발급한 진단서도 인정하지 않는다. 이들은 보험사의 자문의사에게 환자의 진료기록 일체를 보여주고 '자문의뢰회신문'을 받아서 이를 근거로 보험금을 지급한다. 법원도 이 자문의뢰회신문을 인정하는 경우가 많아서 억울한 소비자들이 분통을 터뜨리는 경우가 많다.

자문의사가 누군인지, 어디 소속인지 정보를 확인하려면 지급 거부 답변서를 봐야 한다. 때로는 보험회사에 항의하며 알려달라고 하는데 알려주지 않는 경우도 많다. 소위 말하는 진상을 떨어야 겨우 알아낼 수 있다. 보험금 지급에 있어 자문의뢰회신문이 미치는 영향력이 지대한 만큼 그 내용이 부당하다면 자문의에게도 항의해야 한다. 진료하는 의사가 보험사와 자문의사 계약을 맺고 있는지, 그 여부도 반드시 확인하라.

의료 장비와 검사를 받는 시점도 중요하다. 보험금 지급을 둘러싸고 가장 많이 발생하는 문제가 신체장애급수와 기왕력이 사고에 미친 기여율이다. 기왕력이란 전에 앓았거나 지금 앓고 있는 병의 내력을 의미한다. 보험금 지급을 둘러싸고 기왕력은 언제나 논쟁거리가 된다. 보험회사는 환자의 증상이 기왕력 때문이라고 하고 환자는 사고 때문이라고 주장한다. 가려내기가 쉽지 않다.

그래서 검사 결과는 매우 중요하며 정밀하게 이루어져야 한다. MRI 기계가 너무 낙후하면 실컷 촬영한 후에도 몸의 상태나 증상을 제대로 분간할 수 없다. 또 촬영 시점도 중요하다. 특히 척추 사고 환자는 너무 일찍 촬영을 해서도 안 되고 너무 늦게 촬영해서도 안 된다. 기존에 앓고 있던 척추 질환이 있는 경우 질환 때문인지, 사고의 충격 때문인지 증세를 구별하기 어렵다. 그러므로 X선 촬영, MRI와 같은 영상검사는 사고일로부터 4~7일 사이가 가장 적당하다.

■ 합의는 최후에!

교통사고 피해자의 경우, 보험회사와 합의서를 쓴다. 그 시점은 치료가 완전히 끝난 후여야 한다. 치료 도중에 합의서를 쓰는 것은 치료를 포기하겠다는 말이나 같다. 합의를 할 때 가장 중요한 서류는 보험금 지급 확인서다. 보험회사에 요구해서 받아야 하는데 그 내역을 꼼꼼하게 확인해야 한다. 왜냐하면 보험회사가 고객을 상대로 온갖 비용을 부담시키는 경우가 허다하기 때문이다. 자신들이 소송을 제기하면서 쓴 비용, 진료비 심사 수수료, 보험사 자문의사 자문 비용도 포함시키는 경우가 있다. 보험사가 쓴 비용까지 고객에게 모두 물리는 것이다. 내역을 하나하나 따져보고 부당한 비용이 포함되어 있다면 항의해야 한다.

보험회사는 합의서를 쓰면서도 '더 이상 민형사상의 책임을 묻지 않겠다'는 내용의 각서를 쓰라고 하는 경우도 있다. 이는 말할 것도 없이 보험회사에 유리한 증거물이다. 특히 교통상해는 후유장애가 발생하기 쉽기 때문에 각별히 조심해야 한다. 보험금을 받은 후에도 완전히 끝난 것이 아니다. 보험금 지급 세부 내역서를 요구해야 한다. 여기에는 지급 근거, 지급 사유, 지급 기준, 지급 금액 등이 명시되어 있는데 하나씩 확인하면서 누락된 돈이 없는지 확인해야 한다.

15
CHAPTER

서민 두 번 울리는 은행

누구나 한 번쯤 재테크의 고전적인 수법인 '풍차돌리기'에 대해서 들어보았을 것이다. 필자는 저축은행과 거래하며 이 풍차돌리기를 직접 하고 있다는 고객을 만났다. 그는 조금의 여윳돈이라도 생기면 무조건 저축은행에 맡긴다고 했다.

"요즘처럼 금리를 안 쳐줄 때 그냥 시중 은행에 넣어두면 뭐해요? 버젓이 금리 높게 쳐주는 은행이 있는데 그런 사람들은 바보 아니에요? 위험하다고요? 부도난 적이 있으니까 그럴 수 있죠. 근데 예금자보호법이 있잖아요."

자신의 돈 관리법에 대해서 너무나도 확고했다. 그것이 과연 올바른 재테크 방법일까? 필자의 생각은 조금 다르다.

초저금리 시대 도래로 인해 은행권의 적금, 예금은 안전하기만

할뿐, 더 이상 효과적인 저축은 아니다. 이 때문인지 소비자들의 발길이 점차 저축은행으로 몰리고 있는 상황이다. 지난 2010년 다수의 저축은행이 부도사태를 맞았다가, 다시금 고객들을 고금리로 유혹하는 저축은행. 이 저축은행의 금융상품을 재테크에 이용하는 것이 과연 옳은 판단일까?

: 저축은행 이용법 :

저축은행과의 거래에서는 크게 두 가지 제한사항을 면밀히 살펴볼 필요가 있다. 첫 번째로 은행의 자기자본비율(Capital adequacy ratio) 흔히 BIS 비율이라고 한다.

저축은행들은 BIS 비율을 속이고 있진 않는가?

과연 금융 당국은 저축은행들이 발표하는 BIS 비율에 대해 확실한 점검을 하고 있는가?

은행이 어떻게 BIS 비율를 속일 수 있을까 싶지만 현실은 그렇지 않다.

은행은 예대마진으로 수익을 올리는 곳이다. 상식적인 선에서 보면, 은행은 돈 떼일 곳에 대출하지만 않으면, 망할 일은 없다. 그러나 대출로 나간 돈을 모두 떼여도 사실은 아무 문제가 없을 수도 있다. 그 사실이 밖으로 새 나가지 않으면 사람들은 의심 없이 계속 돈을 맡기러 오기 때문이다. 그러면 그 돈으로 예금을 찾으러 오는 고객들에게 원금과 이자를 조금씩 내주면 된다. 사실상은 빈껍데기뿐인 은행이지만 예금을 찾으러 일시에 몰려오지만 않으면 은행은 계속 잘 돌아갈 수 있다.

이들은 자기 돈은 하나도 없이 이 사람한테 돈 받아서, 저 사람에게 주고, 다시 또 다른 사람에게 돈을 받는다. 남의 돈으로만 계속 돌아가는 피라미드 금융에 가깝다. 그래서 은행이라면 고객들이 예금을 모두 찾아가더라도 은행금고에 남아 있는 돈, 자기자본을 어느 정도는 갖고 있어야 된다. 이것을 세계적으로 정한 기준이 BIS 자기자본비율이다. BIS 비율은 1995년에 처음 우리나라에 도입됐다. 은행의 최저 자기자본비율은 8% 이상이어야 한다.

은행은 원래 자기 돈과 남의 돈을 섞어 놓고 장사하는 곳이다. 그러나 자기 돈이 일정 비율 이상은 되어야 한다. 그 비율을 가늠하는 척도가 BIS 비율이다. BIS 비율는 쉽게 말해서 자기자본을 위험가중 자산으로 나눈 것이다. 예를 들어서 밖으로 내보낸 대출이 10억 원이고, 은행의 자기자본이 1억 원이라면, BIS 비율은 10%가 된다.

그런데 추가로 대출을 10억 원 더 해줘서 총 대출이 20억 원으로 늘어나면, BIS 비율은 5%, 절반으로 뚝 떨어진다. 멀쩡하던 저축은행이 대출 욕심을 부리다가, 어느날 갑자기 이 BIS 비율 요건을 충족하지 못해, 영업이 정지되는 경우가 종종 발생한다. 지속적인 예대마진으로 이익을 누렸으면 하는 자본가 저축은행은 불편한 심기가 아닐 수 없다.

그래서 이들은 실제로 대출이 20억 원 나가 있으면서도 10억 원만 해줬다고 속이기 위해 소비자가 파악하기 어려운 꼼수를 부린다. 그러므로 절대로 저축은행에서 발표하는 BIS 비율은 그대로, 믿어서는 안 된다. 다시 한 번 강조하지만 절대로!

어쨌든 이렇게 된 저축은행이 BIS 비율을 맞추려고 자기자본을 1억에서 2억 원으로 늘리기도 한다.

이럴 때 쓰는 방법은 증자를 하거나 후순위채를 발행하는 방법이다. 저축은행들이 증자를 하거나 후순위채를 발행한다는 소식을 들은 적이 있는가? 그때는 '대출을 많이 해줬다가 곤경에 처해, BIS 비율이 낮아졌기 때문에 자기자본을 늘리려고 하는구나'라고 생각하면 된다.

망하지 않으려고 발버둥치는 저축은행이 발행하는 후순위채의 이자는 당연히, 시중 은행에 비해서 높을 수밖에 없다. 이들이 망해나가던, 2006년과 2010년 사이 후순위채 발행 규모는 1천 572억원에 달했다. 무려 연 8.2% 이자를 주는 곳도 있었다. 초고금리 후순위채의 이자를 추구한다는 것은 우량하지 못한 저축은행에 돈을 빌려주고 이자를 받는 꼴이다. 초저금리 시대에 목돈은 갈곳이 없다. 그렇다고 얼마 전에 있었던 저축은행 사태를 망각하고 저축은행의 적금과 예금, 더 나아가 후순위채에 투자하는 것이 과연 안전한 발상일까?

: 예금자보호제도 믿어도 되나? :

상황이 이런데도 간혹 "저축은행에 맡기는 돈은 안전하다, 괜찮다"고 주장하는 사람들이 있다. 이들이 믿는 것은 금융회사가 망해도 맡긴 돈을 찾을 수 있도록 보장해 주는 '예금자보호제도'다. 누구나 알고 있듯 예금자보호제도는 전액 보장이 아니고, 1인당 5천 만 원 한도다. 선진국의 제도를 그대로 도입했다. 그런데 미국의 한도는 25만 달러, 우리 돈으로 약 2억 5천만 원까지이며 일본은 한도가 2천만 엔, 우리 돈으로 약 2억 원까지 보장해 준다. 이에 비하면 우리나라 예금자보호제도의 한도는 턱없이 낮다. 한도가 적으니 더 늘리라고 주장해야 할까? 그 이전에 과연 예금자보호제도가 소비자를 위한 것인지, 금융회사를 위한 것인지, 이 점을 명확히 이해할 필요가 있다.

앞서 언급한대로, 저축은행은 자기자본보다는 외부 고객들의 돈을 굴려서 운영하기에 뱅크런이 일어나면 당장에 내줄 돈이 없다. 이 사실을 알면서도, 또는 저축은행이 위험하다는 기사를 접해도 예금자보호제도 때문에 안심한다.

'맡긴 돈도 적고 보호도 되잖아. 진짜로 망하지만 않으면 돼.'

이런 생각으로 안심하는 것이다. 실제로 최악의 사태까지 치달은 부실한 저축은행들에게 예금자보호제도는 고객을 확보하는 데 있어서 훌륭한 장치가 되어준다. 형식적으로 보면 예금자를 보호하는 제도 같지만, 실제로는 예금자들을 안심시켜서 금융회사를 보호하기 위한 제도일 수도 있다.

그럼 저축은행이 망했을 때 1인당 5천만 원씩 보장해 주는 돈은 어디서 나올까? 평소에 맡기는 돈에서 0.5%씩 '보험료'로 떼어 '예금보험공사'라는 곳에서 갖고 있다가, 은행이 망하면 돈을 내준다. 엄밀히 말하면 공적자금은 아니다. 사고를 당하면 보험회사에서 평소에 보험료로 받아냈던 돈을 헐어서 사고당한 사람한테 보험금을 주는 것과 똑같다. 물론 그 돈이 모자라면 정부가 세금으로 걷은 돈을 헐어서라도 내줘야 한다. 그렇지 않으면 전국의 은행에 대한 신뢰도가 급격히 떨어져 수많은 사람들이 은행 예금을 되찾겠다고 아우성을 칠지도 모르기 때문이다. 알고 보면 '예금자보호제도'는 예금자가 아니라 금융자본 세력을 위한 안전장치의 역할을 매우 충실히 수행하고 있다.

과거 저축은행 대란 때 '예금자보호제도'를 믿고 있던 금융소비자가 소중한 목돈을 돌려받기까지 6개월 이상 걸린 사례가 수두룩하다. 누군가에게는 얼마 안 되는 적은 돈일 수 있지만 당사자들에게는 절대로 그렇지 않다. 그 돈은 당장 되돌려 줄 전세보증금이고 입학을 앞둔 자녀의 대학 등록금이며 은퇴를 대비해서 모아둔 생활비다.

은행에 맡긴 돈이 1천만 원이라고 가정해 보자. 지금 당장, 새는 돈 5만 원 다달이 막는 게 쉬운가, 저축은행 믿고 1천만 원 맡기는 게 쉬운가? 매달 새는 돈 5만 원을 모으면 연 60만 원 이득이고 저축은행에 1천만 원을 맡기면 연 50만 원이 이득이다. 저금리 시대라고 하니 어디서 고금리의 '고'자만 들려와도 고개를 돌리게 되는 그 심정은 백 번 이해한다. 하지만 고금리라고 무턱대고 현혹돼서는 안된다. 고금리 뒤에 가려져 있는 어두운 현실을 볼 줄 알아야 한다.

: 금리 내리면 뭐하겠노, 가산금리 붙여 팔지 :

은행은 예대마진으로 수익을 올리는 기관이다. 금리를 알아야 은행을 알 수 있다고 해도 과언이 아니다. 정부의 금리인하 정책이 계속되고 있는데 서민들은 과연 금리가 내렸다고 느끼고 있을까. 이상하게도 기준금리는 내려갔다고 하는데 은행의 대출금리는 제자리걸음을 반복하고 있다. 은행이 임의로 산정할 수 있는 '가산금리'를 끌어올리는 방법으로 기준금리 인하를 무색케 하고 있어서다. 이런 탓에 집을 담보로 대출받아야 하는 서민들은 금리 인하 효과를 체감하기 어렵다.

여기서 말하는 가산금리란 무엇인가. 그 개념부터 알고 가자. 은행의 대출금리는 기준금리와 가산금리로 구성된다. 기준금리는 각 은행이 정해둔 시장금리에 연동해 움직이고, 가산금리는 상대적으로 은행이 자유롭게 산정할 수 있다. 주요 가산금리 산정 항목은 목표이익률, 신용 프리미엄(예상손실), 업무 원가, 자본 비용(예상외 손실), 조달 비용 등이다. 은행이 내부적으로 목표이익률을 높이면 자연스럽게 가산금리가 높아지는 모양새가 된다.

2014년 7월 최경환 부총리 취임 이후 한국은행은 기준금리를 8월과 10월에 두 차례나 인하했다. 최 부총리가 취임 직후 천명한 확장적 재정정책에 대한 의지가 금리인하로 이어진 것이다. 그런데 2014년 6월부터 10월까지 4개월 동안 주요 은행의 대출금리는 평균 0.16% 떨어졌다. 은행을 통해 대출을 받은 최종 이용자들은 정부의 의지와 달리 기준금리 인하 효과를 제대로 누리지 못하고 있다.

이와 같은 행태가 가능한 것은 은행이 가산금리를 임의로 조정할 수 있기 때문이다. 실제로 편의에 의해서 은행이 가산금리를 조정하기도 한다. 변동금리 대출과 고정금리 대출 중, 많이 팔고 싶은 상품에 가산금리를 적게 붙여 많이 파는 식이다.

은행별로 살펴보면 신한, KB국민, 우리, 하나, 외환, 다섯 개 주요 은행 중 우리은행을 제외한 네 개 은행이 모두 가산금리를 올렸다. 은행들이 대출금리를 올린 이유도 천차만별이다. 가장 많이 드는 이유는 저신용 고객이 늘어나 평균 금리가 올라갔다는 것이다. 최근에는 정부 정책에 따라 고정금리 주택담보대출을 늘리기 위해 인위적으로 금리를 내렸다가 정상화하면서 금리가 급격히 올라가기도 했다.

가산금리가 처음 등장한 것은 2012년이었다. 금융감독원이 은행들과 함께 만든 이 제도는 불합리하다는 지적이 끊이지 않았다. 그런데도 금감원은 은행들이 가산금리를 정할 때 목표이익률, 영업점장 전결금리, 업무 원가 등을 자율적으로 반영할 수 있도록 공식 허용했다. 이 때문에 은행들이 내부 정책을 핑계로 가산금리를 마음대로 조정해도 소비자들은 손을 쓸 수가 없다. 이렇게 은행 멋대로 들쭉날쭉한 가산금리 때문에 낮은 금리로 대출받은 줄만 알고 있는 소비자만 억울하다.

16
CHAPTER

낚이지 말자, 낚시 상품

살인적인 물가에 점심값 나가는 것도 무서운 요즘이다. 그렇다고 계속 집밥만 먹을 수는 없는 노릇이다. 아이들이 졸라서, 혹은 특별한 날 기분을 내기 위해서는 외식도 필요하다.

'스테이크＋파스타 2인 세트 3만 원'

파격적인 가격을 내세우는 레스토랑 앞을 그냥 지나치기 쉽지 않다. 인당 1만 5천 원에 스테이크와 파스타를 다 먹을 수 있다니 괜찮지 않은가?

레스토랑 사장이 아주 양심적인 사람이라서 3만 원에 그럴듯한 스테이크와 파스타를 내놓는다면 그 식당은 진정한 의미의 '착한 식당'이다. 그러나 막상 들어가서 광고하는 메뉴를 주문하려고 하면 우리는 다음과 같은 일을 겪기 쉽다.

- 2인 세트 3만 원은 점심시간 오전 11시~1시 사이에만 잠깐 진행하거나
- 음식이 나와서 보면 스테이크는 어린애 손바닥 만하고 질겨서 먹을 수가 없거나
- 와인과 연계된 특별 프로모션으로 5만 원짜리 와인을 같이 시켜야 하거나

이런 상황에 처하면 누구나 속이 부글부글 끓어오르고 딱 한 마디가 떠오른다.

'젠장, 낚였구나!'

이렇게 순진한 사람들을 낚으려는 낚시꾼들이 판치는 세상! 은행, 카드, 보험사 역시 낚시 기술이라면 어떤 업계에도 밀리지 않는 뛰어난 낚시꾼들이다. 이들이 개발하는 기발한 낚시 상품은 지금 이 시간에도 끊임없이 출시되고 있다. 금융감독원의 감독도 이루어지고 있지만 뿌리 뽑기가 쉽지 않다. 피해 이후에 구제를 받는 것보다 피해를 입지 않게 의심스러운 상품에는 가입하지 않는게 보다 확실한 예방책이다. 낚시 상품으로 피해를 입은 사례들을 살펴보자.

R 씨는 은행에 돈을 인출하러 들렀다가 적금 금리가 10%라는 안내문구를 발견하고 깜짝 놀랐다. 요즘 같은 저금리 시대에 저축은행이 아닌 시중 은행의 금리가 10%라니. R 씨는 창구로 가서

은행 직원을 붙잡고 적금 가입에 대해서 이것저것 물었다.

"고객님, 죄송하지만 이 상품은 신용카드와 연계된 상품이라서 카드 사용액이 일정 금액 이상이 되어야 우대금리를 받으실 수 있어요."

R 씨는 실망스러웠다.

"설명을 들어보니 우대금리 적용받으려면 이것 해라, 저것 해라. 조건이 너무 까다로웠어요. 낚인 것 같아서 영 찜찜하더군요."

은행이 광고하는 것처럼 높은 금리를 받으려면 온갖 조건을 충족해야 한다. 카드 사용액과 연계된 고금리 상품은 더욱 그렇다. 예를 들어 연계된 신용카드 사용액이 150만 원을 넘으면 8%의 우대금리 혜택을 추가로 주는 것이다. 가입 한도가 매달 30만 원 기본 금리는 3.2%로 평범한 상품인데 신용카드를 쓰면 금리를 11% 넘게 받을 수 있는 것이다.

그럴듯하게 보이지만 이게 정말 혜택일까? 적금이 30만 원인데 우대금리를 받겠다고 매달 신용카드를 과다 사용하는 것 자체가 어불성설이다.

이와 비슷하게 은행에서 이벤트성으로 내놓는 상품은 모두 의심해 봐야 한다. 예를 들어서 '금리를 5%나 드리는 자유입출금 통장'이라고 광고하지만 자세히 알아보면 단서가 붙는다. 가입하고 2개월 후부터 계산해 예치 기간이 30일을 초과한 돈에 대해서 그것도 두 달 동안만 5%의 금리를 적용한다는 식이다. 인출이 잦으면 예치 기간 한 달을 넘기 어렵고 금리도 고작 두 달 동안만 적용한다니. 이 상품에 가입하고 고금리 혜택을 봤다고 자신 있게 말할 수 있는 소비자가 얼마나 될까?

: 파격적인 숫자에 흔들리는 사람들 :

고금리를 미끼로 하는 낚시 상품을 알아보는 것은 그리 어렵지 않다. 우선 고객들이 혹할 조건을 내세워야 하기 때문에 숫자로 홍보하는 경우가 많다. 그 숫자가 파격적일수록 낚시 상품일 가능성도 커진다. 숫자 하나만 보고 섣불리 가입할 게 아니라 가입 한도, 고금리 적용 기간, 카드 실적 연계 여부 등을 꼼꼼하게 따져봐야 낚시 상품이라는 함정을 피할 수 있다.

보험회사의 낚시도 은행 못지 않다. 주부 S 씨는 연금보험에 가입했는데 뒤늦게 그것이 종신보험인 것을 알았다. 알고 보니 S 씨가 가입한 보험상품은 종신보험 계약에 연금전환 특약을 끼워넣은 것이었다.

"설계사는 구체적으로 설명을 안 해줬어요. 나중에 보험인 걸 알고 화를 냈지만 소용 없더라고요."

종신보험을 연금으로도 신청해서 연금 전환이 가능하다는 게 보험사의 뒤늦은 변명이었다. S 씨의 요청에 보험회사가 동의를 하면 종신보험이 연금이 된다는 것이다. 연금 전환은 일단 보험을 해약해야 가능하다. 설계사는 이 과정에서 이미 납부한 원금이 손해가 난다는 설명은 제대로 해주지 않았다.

"연금 목적으로 쌓이는 돈이 복리 몇 %의 이자로 계산된다는 말만 강조하고 해약 얘기는 안 하더군요. 고의로 착각을 유도했다고 생각돼요."

금융감독원이 지난 2012년부터 2014년까지 조사한 바에 따르면 종신보험으로 판매된 상품 열 개 중에 두 개가 연금저축인 것처럼 왜곡하거나 과장돼서 판매된 것으로 확인됐다.

이렇게 명백한 낚시로 고객을 우롱하는 이유는 종신보험을 판매했을 때 설계사가 받는 수당이 훨씬 높기 때문이다. 종신보험 수당은 연금에 비하면 두 배 이상이다. 연금보다는 종신보험을 유치하는 게 회사나 설계사의 입장에서는 유리한 것이다. 회사 차원에서 설계사들에게 낚시를 부추기기까지 한다. 연금이라는 것은 언젠가는 고객에게 되돌려 줘야 하는 돈인 데다가, 저이율로 떨어지면 역마진이 생길 수도 있기 때문이다.

분명 연금보험에 가입하려고 했는데 '보장성' 혹은 '종신보험'이라는 단어가 설명 중에 한 번이라도 언급되면 그 상품은 의심하기 바란다. 소비자가 생각하는 그 연금보험이 아닐 확률이 높다. 설명서를 요구해서 꼼꼼히 읽어보거나 설계사에게 이것저것 질문을 많이 해야 함정을 피해갈 수 있다.

은행과 보험사의 사정이 이러한데 신용카드는 어떨까? T 씨는 최근 카드사의 텔레마케터에게 유료 서비스 가입 권유 전화를 받았다. 텔레마케터는 T 씨에게 다양한 할인혜택이 주어지는 서비스에 가입하라고 했다. 사실 그 서비스는 연회비 5만 원을 내는 고객들에게 혜택을 제공하는 일종의 유료 서비스였다. 텔레마케터는 가입하는 데 일체의 비용이 들지 않는다는 것만 강조했고 연회비 5만 원에 대해서는 말하지 않았다. T 씨는 연회비가 5만 원씩이나 청구된 것을 카드 청구서를 받은 후에나 알았다.

U 씨도 비슷한 일을 겪었다.

"이 서비스는 저희 카드회사가 자체적으로 고객님들을 위해 가입해 드리는 거예요. 고객님."

상담원은 이렇게 설명했다.

"비용을 카드사에서 내겠다는 말인 줄 알았어요. 나중에 들어보니까 카드사에서 자체 개발한 서비스라는 뜻이더군요. 말장난을 하자는 건지…."

상담사 말만 믿을 수 없어서 설명서를 보내달라고 하자 가입하면 보내주겠다는 말이 돌아왔다. 80만 명이 가입한 서비스니까 안 하면 손해라는 말만 앵무새처럼 반복했다고 한다.

U 씨가 가입을 권유받은 유료 서비스는 카드회사의 대표적인 낚시 상품인 DCDS(신용보호서비스)라 불리는 그것이었다. DCDS는 보험 성격이 짙은 유료 서비스다. 카드회사는 DCDS에 가입한 고객이 상해, 질병으로 손해를 입거나 이로 인한 장기 입원, 사망,

실업 상태에 놓였을 때 카드 결제 금액을 일정 한도 안에서 보장해 준다. 카드업계에 따르면 2015년 3월 삼성, 신한, 현대, KB 국민, 롯데, 비씨, 하나 등 일곱 개의 카드사의 회원 중 DCDS 가입자는 34만 6,500명이다. 2014년(32만 7,800명)보다 1만 8,700명이 늘어난 셈이다.

DCDS 상품 구조는 카드사와 보험사 회원으로 나뉜다. 회원은 카드사의 결제 금액 일부를 수수료로 낸다. 카드회사가 DCDS 판매에 열을 올리는 이유 역시 이 수수료 때문이다. 서비스를 구매한 소비자는 매월 결제 금액의 0.4~0.59%를 수수료 명목으로 내야 한다. 그러면 카드사는 회원의 수수료 일부를 보험료로 보험사에 낸다. 회원에 대한 보상은 보험료를 받은 보험사가 전적으로 책임진다. 보상금이 늘어나도 카드사가 떠안는 피해 금액은 없다. 리스크는 보험사가 떠안고 알맹이는 카드사가 가져가는 사업인 것이다. 2014년 한 해 동안 카드사가 DCDS로 챙긴 순수익이 2,043억 원이다. 지난 2011년 수익이 1,201억 원이었던 것과 비교하면 두 배 가까이 늘어났다. 이런 이유로 DCDS를 많이 팔면, 카드회사는 콧노래를 부르지만 보험회사는 애가 탄다.

그런데 제일 큰 문제는 카드회사나 보험회사가 아니라 소비자들이다. 카드사 민원 중 상당수를 차지하고 있는 상품이 바로 DCDS다. 일부 카드 회원은 가입 사실도 모르고 수수료를 계속 내고 있을 정도다. 이는 카드회사들의 무차별적인 마케팅 때문에 벌어지는 현상이다. DCDS와 같은 유료 서비스 판매는 주로 전화로 이루어진다. 판매 과정에서 소비자는 상세한 설명을 들을 수가 없고 그만큼 불완전 판매 사례도 많아지는 것이다. DCDS 서비스의 질적인 부분에도 소비자 불만이 따른다. 보험 성격이 짙지만 실제 보험상품처럼 서비스가 세밀하지 못하다. 막상 서비스를 이용하려고 하면 안 되는 경우가 많다.

: 진화하는 낚시를 피하는 법 :

만약에 억울하게 낚시 상품으로 피해를 봤다면 구제받을 수 있을까? 안타깝게도 구제는 말처럼 쉽지 않다. 금융회사들이 자꾸만 낚시 상품을 내놓는 이유도 한 번 가입하면 무르기가 어렵기 때문이다. 소비자들이 피해를 입고도 이를 보상받을 수 없는 이유는 딱 하나다. 바로 서명 때문이다.

"은행이나 보험사, 카드사 다 똑같아요. 어떤 상품에 가입하든, 무조건 서명을 받잖아요. 소비자들은 귀찮기도 하고 어련히 알아서 해주겠거니 하거든요. 설명서를 잘 안 읽는다고요. 그런데 서너 군데쯤 서명을 하잖아요. 그 중에는 설명을 충분히 들었다는 확인 서명도 있다고요."

업계 관계자의 설명이다.

이 서명 때문에 분쟁이 생겨도 금융감독원을 통해 구제받기가 어렵다. 특히 대부분의 상품이 정형화돼 있는 상황에서 특정 가입자만 구제할 수도 없는 노릇이다.

또 금융사들이 충분히 설명을 한다고 해도 소비자는 그 내용을 완전히 이해하기 어렵다. 내용이 그만큼 복잡하고 어려워서 처음 접해 보는 소비자라면 어리둥절할 것이다. 왜냐하면 낚시 상품이라는 것이 원래 교묘하고 복잡하고 포장이 많다. 소비자를 속이려는 의도로 만들어진 것이기 때문이다. 소비자가 속을 수밖에 없도록 상품 구조가 설계돼 있다. 그리고 이러한 상품들은 갈수록 더 교묘한 방향으로 진화한다.

금융회사들은 이런 상품을 개발해 놓고 소비자가 고민할 시간은 주지 않는다. 예를 들면 '기념 특가, 한 달만 진행, 3천 명 한정' 같은 단서를 달아서 빨리 가입하라고 권유한다. 판매 직원이 빨리 가입할 것을 종용하면 낚시 상품이 아닌가 의심해야 한다.

마지막으로 가장 중요한 것은 낚시 상품을 가려내는 안목이다. 특별히 저렴하거나 파격적인 혜택을 주는 상품들은 일단 의심하라. 의심하고 따져보고 천천히 가입해도 늦지 않다.

17
CHAPTER

돈 급해도 피해야 할 것들

"지하철, 버스만 탈 수 있나? 급할 때는 택시도 타는 거지."

모 대부업체의 광고에서 나오는 멘트다. 돈이 급할 때, 일단은 순발력을 발휘해서 빌려 쓰고 보라는 의미가 숨어 있다. 은행에서도 급하게 돈이 필요한 고객들을 위해서 만들어 놓은 제도가 있다. 바로 마이너스 통장이다. 겉으로 보기에는 돈 급한 사람들을 위한 제도 같지만 마이너스 통장은 그 자체가 달콤하고 위험한 유혹이다.

우선 마이너스 통장을 개설해 놓으면 돈을 쓰는 일을 피할 수가 없다. 급하게 돈 드는 일을 핑계로 만들었는데 만들어 놓고 보니 일반적인 소비, 생활비로도 쓰게 된다. 대출과 다르게 언제까지, 얼마 만큼의 이자를 내야 하는지도 모르고 무분별한 소비로 야금 야금 빼서 쓰다 보니 어느새 한도액만큼 써버렸다. 정신이 번쩍 들어서 갚을 생각을 하면 막막함과 맞닥뜨리게 되는 것이다.

모 항공사의 부기장으로 일하는 V 씨는 마이너스 통장으로 무려 9천만 원의 빚을 지고 있었다.

"직장이 안정적이라고 주거래 은행에서 쉽게 만들어주더군요."

문제는 마이너스 통장을 만들고부터였다. 현금이 급해서 마이너스 통장을 만들었는데 오히려 마이너스 통장을 만든 다음부터 이 가정의 자금 사정은 더욱 악화됐다.

"분명히 마이너스 통장인데 은행 잔고가 9천만 원인 것처럼 착각하게 되더군요. 그게 착각인 걸 알면서도 씀씀이가 더 커지고 막연히 갚으면 된다고 생각했죠."

상담 당시 V 씨의 가정은 가계소득대비 지출이 약 90만 원가량 마이너스였다. 그런 상태가 8개월째 지속되는 중이라고 했다. 한 번 어긋난 소비 패턴을 바로 잡기란 쉽지 않았다. 상담 이후 3개월이 지나도 지출을 통제하는 게 쉽지 않았다. 자그마치 1년 반이라는 시간을 투자해서 겨우 천만 원의 돈을 상환했다. V 씨는 그제야 마이너스 통장의 함정에서 조금씩 빠져 나올 수 있었다.

마이너스 통장의 함정은 이자에 있다. 신용대출이나 현금 서비스는 이자가 빠져 나가는 게 눈에 보인다. 심리적인 압박감 때문에라도 지출이 쉽지 않다. 갚아야 할 빚이 있으니 아껴쓰자는 생각이 드는 것이다. 그런데 마이너스 통장은 그렇지 않다. 오히려 당장에 쓸 돈이 있으니 믿는 구석이 생겨 씀씀이가 커진다. 그러나 그에 따른 뒷감당, 이자는 어김없이 발생한다. 그러면 이제, 마이너스 통장의 이자가 어떤 방법으로 불어나는지 알아보자.

: 복리로 이자 붙는 마이너스 통장 :

누구나 한 번쯤은 '복리의 마법'이라는 단어를 들어봤을 것이다. 복리는 원금과 수익을 더한 액수에서 다시 수익이 붙는 것이다. 복리의 마법이 효과를 발휘하면 자산은 기하급수적으로 불어나게 된다. 하지만 역으로 대출 이자가 복리로 불어난다면 자산이 잠식당하는 속도도 그만큼 빨라진다. 복리이자 대출상품이 바로 마이너스 통장이다. 예를 들어서 연 10%, 1천만 원 한도의 마이너스 통장에서 5백만 원을 빼서 썼다고 하자. 한도는 아직 남아 있는 상태로 가정할 때 이자를 얼마나 물어야 될까? 그저 가만히 두기만 해도 이자가 대출한도인 1천만 원까지 도달하는 속도는 7년이면 충분하다.

첫째 달 이자 : 5,000,000원＋41,667원

둘째 달 이자 : 5,000,000원＋41,667원＋347.2원

셋째 달 이자 : 5,000,000원＋41,667원＋347.2원＋350원

원금＋이자 : 5,041,667원

원금＋이자＋이자의 이자 : 5,042,014원

원금＋이자＋이자의 이자＋이자에 대한 이자의 이자 : 5,042,364원

여기에 금리가 높아질수록 이자가 한도까지 올라가니 시간은 더욱 단축된다.

게다가 마이너스 통장은 애초에 금리가 비싸다. 마이너스 통장 역시 크게 보면 신용대출이다. 그럼에도 마이너스 통장 금리가 일반 신용대출 금리보다 높게 형성되어 있다. 마이너스 통장의 경우, 고객이 대출한도를 모두 인출해 가지 않아도 은행은 고객의 인출 요청에 대비해서 자금을 보유한다. 이러한 규제에 따라서 충당금을 쌓아두어야 하는 등 추가적인 비용이 발생한다는 게 은행의 주장이다.

그래서 대부분의 은행들이 마이너스 통장에 대해 추가 가산금리를 부과하고 있다. 즉, 1천만 원짜리 마이너스 통장을 개설한 고객이 당장은 1백만 원을 빌리더라고 은행은 나머지 9백만 원도 언제든지 대출될 수 있도록 준비해야 하는 것이다. 이렇게 되면 나머지 9백만 원을 다른 곳에 운용할 수가 없다. 이런 이유로 마이너스 통장을 이용하는 고객에게는 일반대출보다 약 0.5~2% 정도의 가산금리를 더 적용받는다.

뿐만 아니라 은행은 마이너스 통장을 개설한 고객들이 마이너

스 통장의 돈을 아무 제약 없이 쓸 수 있도록 유도하기까지 한다. 통장과 연계된 체크카드가 바로 그것이다.

직장인 W 씨는 편의점에서 간식거리를 사느라 만 원을 썼다. 체크카드를 썼는데 잔액이 마이너스 만 원이라는 문자 메시지를 받았다. 알고 보니 체크카드가 마이너스 통장과 연계된 것이었다.

"통장에 잔액이 없었던 거예요. 평소 같으면 잔액이 없으니까 카드 결제가 안 될 텐데 바로 된 거죠. 나도 모르게 마이너스 통장을 이용한 게 됐어요."

W 씨는 은행에서 일하는 지인의 부탁으로 마이너스 통장을 발급받았다. 이자가 높다는 것을 알기 때문에 발급만 받아놓은 상태로 이용은 하지 않았다. 그런데 체크카드를 쓰면서 생각지도 못하게 빚을 진 것이다. 마이너스 통장으로 발급받은 체크카드는 통장에 잔액이 없는데도 그 사실을 문자 메시지로 알리지 않았다. 또 마이너스 결제도 승인 절차 없이 바로 진행됐다. 실제로 일반 통장은 잔액이 없으면 체크카드 결제가 이루어지지 않는데 마이너스 통장과 연계된 카드는 잔액과 관계 없이 결제가 진행된다.

"만 원이 그리 큰 돈은 아니지만 쓸 데 없이 이자를 물어야 한다고 생각하니까 화가 나요. 가뜩이나 돈 쓸 일도 많은데……. 따로 승인 절차가 있어야 되는 게 아닌가 싶어요."

이렇게 고객들은 별 생각 없이 마이너스 통장과 연계된 체크카드를 썼다가 카드 대금에 이자까지 물 수도 있다. 나도 모르는 사이에 돈 새는 일이 없도록 주의하자.

또 마이너스 통장을 이용할 때는 만기 연장을 조심해야 한다. 1년에 한 번씩 돌아오는 만기 연장을 안 하면 연체 이자를 또 내야 한다. 보통 은행에서 만기일 두세 달 전에 고객에게 문자 메시지를 보내서 이 사실을 알려준다. 그러나 깜빡하고 잊어버려서 만기 연장을 못하면 연체로 분류된다.

은행이 나서서 이러한 사실까지 친절하게 알려주지는 않으니 소비자들이 알아서 만기일을 챙겨야 한다.

만기를 연장할 때도 따로 확인해야 할 사항이 있다. 대출 한도와 금리, 이 두 가지다. 직장이나 급여의 변동에 따라서 고객의 신용도도 달라지기 때문이다. 변화에 따라 대출 한도와 금리가 바뀔 수 있으므로 직장을 옮겼거나 다른 대출이 늘었을 때는 반드시 금리 변동을 확인해야 한다.

어떻게 보면 애물단지 같은 마이너스 통장이지만 철저한 계획과 통제를 바탕으로 이용하면 유용하게 쓰이기도 한다. 돈이 급한데 도움을 청할 데가 없을 경우 이보다 편리한 상품도 없다. 문제는 마이너스 통장 그 자체가 아니다. 마이너스 통장으로 인해 소비가 늘어나고 규칙적인 금융 활동을 하지 못하게 되는 부작용이 문제다.

또한 마이너스 통장은 신용 등급에도 영향을 미친다. 마이너스 통장을 만든 것만으로 향후의 대출 한도가 그만큼 줄어든다. 소비자들은 마이너스 통장 앞에서 더욱 현명해져야 한다. 마이너스 통장이라는 심리적인 포만감, 그 착각에 속지 않는다는 각오가 필요하다.

: 은행 살찌우는 현금 장사 :

X 씨는 현금 서비스를 이용했다가 화가 머리 끝까지 치밀어 오르는 경험을 했다.

"현금 서비스 이자 비싼 거 누가 모르나요? 되도록 안 쓰는 게 좋은 거 저도 아는데 돈이 너무 급해서 어쩔 수가 없었어요. 가게 임대료가 석 달 치나 밀렸거든요."

자영업을 하는 X 씨는 몇 달째 매상이 떨어져 힘든 시간을 보내고 있었다. 가게 월세가 밀리자 건물주가 압박을 해왔고 도저히 방법이 없어 신용카드를 이용해 현금 서비스를 받은 것이다. X 씨가 현금 서비스로 빌린 돈은 150만 원이었다. 그런데 현금 서비스 수수료는 연 26%, 여기에 선취 수수료 0.5%를 추가로 물었다.

신용카드사들이 이처럼 현금 서비스나 리볼빙, 카드론을 이용해서 서민들의 이자 부담을 가중시킨다고 비난받은 것은 어제, 오늘 일이 아니다. 그럼에도 카드사의 고금리 현금 장사 행태는 여전하다.

은행계 카드사를 포함한 전체 카드사의 현금 서비스를 이용한 고객은 X 씨처럼 연 20~28%의 이자를 내고 있는 것으로 드러났다. 여신금융협회가 2014년 8월 말 기준 현금 서비스 적용 금리대별 회원 분포 현황에 따르면 연 20~28%의 고금리를 부담하는 씨티카드 회원은 전체의 87.85%에 달했다. 이어 비씨카드(82.76%), 대구은행(81.44%), 광주은행(81.18%), 스탠다드차타드은행(80.13%), 기업은행(75.71%), 전북은행(74.43%), 경남은행(72.65%), 부산은행(70.22%) 등의 순으로 연 20% 이상 고금리로 현금 서비스를 이용하는 회원 비중이 가장 높았다. 이 정도면 거의 대부업체 수준의 대출 금리를 적용한다고 봐야 한다.

문제는 현금 서비스 이용자 대부분이 저신용, 저소득 상태의 서민 고객이라는 점이다. 그럼에도 카드사들은 가계부채에 대한 사회적인 우려를 외면하고 잇속 챙기기에만 급급하다. 이렇게 카드 회사의 현금 서비스 이자가 유독 높게 책정된 이유가 뭘까. 전문가들은 일부 카드사들이 불황으로 인해 줄어든 수익을 현금 서비스, 리볼빙과 같은 고금리 대출로 메우고 있는 게 아니냐고 분석하기도 한다. 현금 서비스의 문제점은 비싼 금리에만 있는 게 아니다. 앞서 사례에 언급된 X 씨가 현금 서비스를 사용한 날은 5월 30일이었다. X 씨의 카드 결제일은 매달 27일이다. X 씨는 다음 달 6월 27일에 자신이 빌려 쓴 돈이 결제되었을 것이라고 생각했다. 그런데 카드 청구서에는 결제일이 7월 27일로 되어 있었고 X 씨는 한 달 치 이자를 더 물어야 했다.

화가 난 X 씨는 카드사로 전화를 걸었지만 콜센터 직원은 결제일을 따로 확인하지 않은 것은 X 씨의 책임이라고 말했다.

"고객님, 죄송하지만 결제일이 같더라도 물건을 구매할 때의 기준 청구일과 현금 서비스를 사용하실 때의 청구일은 다르게 적용됩니다. 이 부분은 고객님께서 따로 확인하셔야 하구요."

물건을 구매할 때만 카드를 썼던 X 씨로서는 물건을 구매할 때와 현금 서비스를 받을 때 이용기간이 다르게 적용된다는 사실을 처음 알았다. X 씨처럼 황당한 일을 겪지 않으려면 현금 서비스를 이용하기 전에 직접 카드사로 전화를 걸어 결제일과 이용기간을 일일이 확인해야 한다.

또 비싼 이자를 조금이라도 덜 물기 위해서 돈이 생기면 바로 갚아버리는 것이 최선책이다. 카드대금이 빠져나가는 계좌에 돈을 입금하고 카드사로 전화를 걸거나 인터넷을 이용해서 빌린 돈을 미리 갚는 것이다. 돈이 급해서 현금 서비스를 썼다면 하루라도 빨리 갚는 게 상책이다. 이자가 매일, 조금씩 불어나기 때문이다.

마지막으로 카드사 별로 현금 서비스의 이자가 다르고 개인의 신용 등급에 따라서 이자율이 조금씩 차이 난다. 그러므로 현금 서비스를 이용하기 전에 미리 카드사에 전화해서 상담을 하고 조금이라도 이자가 낮은 곳을 선택하는 것이 좋다. 그러나 최근 카드사들이 이자를 대폭 낮추었다고 광고하는 것과 달리 현금 서비스 이자율은 여전히 높기만 하다. 대부분의 카드사가 20% 중반의 이자율을 적용한다고 봐야 한다.

호갱,
당당한 '고객님'으로
거듭나다

돈 많은 사람을 부러워 말라.
그가 사는 법을 배우도록 하라.

－ 이건희

18
CHAPTER

기죽지 말고 당당해져라

Y 씨는 결혼 3년 차에 접어든 30대 프리랜서다. 그는 워낙에 소득도 적고 결혼 뒤 바로 아이를 낳아서 키우느라 저축을 거의 하지 못했다. 은행 직원이 권유해서 만들었던 청약통장이 저축의 전부다. Y 씨는 아이가 더 자라면 교육비도 많이 들 텐데 계속 이렇게 살아서는 안 될 것 같았다. 큰맘을 먹고 은행에 갔다. 적립식 펀드라도 가입하기 위해서였다. 은행 창구에서 한참을 기다려 직원에게 물었더니, 펀드 상품 두 개를 추천해 주었다.

"솔직히 말하면 도대체 무슨 말인지 거의 못 알아 들었습니다. 그런데 창피하니까 모른다고 말할 수도 없고. 그냥 대충 좋은 상품이겠거니 생각하고 월 20만 원 두 개를 가입했습니다."

이로써 월소득이 250만 원가량인 Y 씨는 청약저축을 포함해 매달 50만 원을 꼬박꼬박 저축하게 됐다.

"한 개만 가입하려고 했는데 좀 적은 거 같기도 하고. 그렇게 큰 돈도 아니어서 묻고 따지기도 민망했어요. 저축이니까 많이 하면 좋겠죠. 좋은 걸로 추천해 줬을 거라고 생각하고 있어요."

프리랜서인 Y 씨에게 은행은 늘 두려운 곳이었다. 프리랜서들은 직업적인 특성 때문에 직장인이나 자영업자보다 신용에 취약한 편이다. 몇몇 고소득 프리랜서를 제외하면 매달 들어오는 수입도 일정하지 않다.

"은행 같은 금융기관에 가면 주눅이 드는 게 사실이에요. 소속이 확실치 않고 사업체가 있는 것도 아니니까요. 은행 거래가 다 그런 걸 기반으로 하는데. 그렇다고 저축액이 그렇게 많은 것도 아니고요."

Y 씨는 자신의 이런 상태를 '은행울렁증'이라고 표현했다. 금융 상품은 점점 더 어려워지고, 용어도 전문화돼 가면서 상당수의 소비자들이 이런 증세를 호소한다. 일반인들에게 있어서 금융회사는 그리 만만한 곳이 아니다. 특히 은행은 공공기관과 비슷한 곳으로 인식되다 보니, 뭔가를 거절하거나 따지기가 쉽지 않다.

이러한 문제를 해결한 데 있어서 중요한 것은, 금융도 하나의 상품으로 인식하는 행위다. 우리 스스로를 금융을 소비하는 소비자라고 생각해야 한다. 금융 거래 역시 원리만 놓고 보면 마트에서 물건을 사는 것과 다를 게 없다. 예를 들어 마트를 이용하는데 직원이 불친절하거나 내가 찾는 상품이 아닌 엉뚱한 상품을 찾아

주거나 소비자를 무시하는 듯한 태도를 취했다고 하자. 우리는 분명 고객센터에 항의할 것이다.

금융회사도 마찬가지다. 내가 무식해 보일까 봐, 창피해서, 알아서 해 줄 것이라는 일방적 믿음에 직원들이 하는 대로 두었다가는 손해볼 수 있다. 손해를 보고 나서 항의하면 그들은 대개 소비자가 원했고 직접 서명하지 않았느냐며 물고 늘어진다. 따라서 금융거래를 할 때는 묻고 또 물으며 신중해야 한다.

: 금융거래, 이것만 주의하라 :

대부분의 사람들이 금융회사에 대해서 잘못 이해하고 있는 것이 있다. 특히 은행에 대해서 이러한 현상이 두드러지는데, 은행을 '고객의 자산을 지켜주고 불려주는 공적인 기관'이라고 오해하는 것이다. 그러면서 은행 같은 금융기관을 전문성과 공공성을 갖춘 곳이라고 여긴다. 그러나 금융회사의 근본 속성은 금융상품을 파는 곳이다. 은행도 마찬가지다. 조금이라도 수익이 높은 상품을 팔아서 이윤을 남겨야 하는 기업이기 때문에 고객의 입장보다 회사의 이익을 우선시한다.

따라서 금융회사에 대해 오해하는 고객들이 금융회사를 찾아가서 그 길로 상품을 구입하는 행동은 금물이다. 앞서 언급한 Y 씨의 경우처럼, 은행 직원의 말을 거의 알아듣지 못하고 직원이 추천하는 상품에 대해서 아는 바가 전혀 없는데 덜컥 금융상품을 구입해서는 안 된다는 말이다. 소비자들이 이렇게 하는 것은 대개 거절을 못하겠고 구입을 망설이면 더욱 무시당할까 봐 두렵기 때문이다. 그렇다고 아무 상품이나 충동적으로 구매했다가 나중에 가서 크게 후회하는 경우가 많다. 금융상품에 대해 전혀 아는 것이 없는 상태에서 상품을 구입하는 것은 결코 바람직하지 않다.

특히 방문한 그날, 그 자리에서 구입해서는 안 된다. 상담자의 입장에서는 상품에 대한 기본적인 개념조차 모르고 은행만 찾으면 직원이 다 알아들을 수 있도록 가르쳐 줄 것이라 기대한다. 그러나 기본 개념까지 다 이해하고 자신의 처지에 맞는 상품에 제대로 가입하기에는 은행 상담 시간은 넉넉치 못하다.

따라서 금융상품에 대한 사전조사와 검증을 거친 뒤에 금융회사를 이용하는 것이 바람직하다. 시간을 내서 인터넷 검색만 해봐도 금융 용어의 뜻을 찾아볼 수 있다. 또 무작정 은행에 가서 상품 추천을 받았다 하더라도 바로 가입할 일이 아니다. 추천 상품을 들고 돌아와 인터넷 검색만 활용해도 해당 상품 관련 정보를 자세히 알아볼 수 있기 때문이다. 그런 다음에 가입해도 늦지 않다.

Z 씨는 40대 초반의 직업군인으로 자녀가 세 명이다. 아내와 맞벌이는 하고 있으나 아내의 소득은 월 70만 원 정도로 마트에서 시간제로 일을 하고 있다. 지금 초등학교 3학년인 첫째와 아직 학

교에 들어가지 않은 둘째, 셋째의 훗날 대학 등록금을 생각하면 마음이 무거웠다. 일단 군인이므로 학자금 무이자 대출을 받을 수 있지만 시기를 미뤄둔 것일 뿐, 언젠가는 부담해야 되는 만만찮은 금액이다. 생활비를 아껴서라도 조금씩이나마 미리 준비를 해야 겠다고 생각하고 은행을 찾았다.

Z 씨는 첫째가 대학에 들어가려면 앞으로 10년, 충분하지는 못 하지만, 지금부터라도 시간은 남아 있다는 생각 끝에 은행 직원에 게 문의했다.

"10년 정도 저축을 할 건데 뭐 좋은 거 없을까요? 한 15만 원 정 도 생각하는데…."

은행 직원은 친절하게 대답했다.

"소득공제 되는 상품에 가입 안 하셨으면 연금저축보험은 어떠 세요? 연 400만 원까지 소득공제 받으실 수 있으세요, 고객님."

"그래요? 몇 년짜리인가요?"

"네, 고객님 필요에 따라 10년도 되고, 그 이상도 가능합니다."

"그럼, 일단 10년짜리로 해주세요."

그 후 4년의 시간이 흐르고 재무상담을 받던 Z 씨는 황당한 소 리를 듣게 된다. 그가 4년 전에 가입했던 연금저축보험은 55세 이 후에 연금으로만 수령 가능한 상품이고 만약 목돈이 필요해서 해 약하게 되면 원금과 이자를 합친 금액에 16.5%를 세금으로 내야 했다. 해약환급금과 세금 손해까지 생각하면 앞으로도 약 12년이 나 지나야 원금 손해가 없다. 결론은 학자금 마련 용도로는 부적

합한 저축이라는 것이었다. 당장 해약을 해도 세금을 내야 될 뿐만 아니라 보험사에서 정한 수수료도 추가로 떼이게 되어 있었다. Z 씨는 일단 납입 금액을 줄이거나, 기관을 이전해서 중단하는 방법을 쓰기로 했다. 은행 직원 말만 믿고 잘 모르는 상품에 가입했던 것이 후회스러웠다.

Z 씨의 경우처럼 금융상품을 선택할 때는 가입 기간이 얼마나 되느냐가 대단히 중요한 문제다. 금융상품 가입에 앞서 제일 먼저 할 일은 전반적인 재무구조에 대한 평가다. 다음으로는 향후 돈이 들어오고 나가는 '재무 사건'을 놓고 목표를 정해야 한다. 마지막으로 그 목표를 달성하는 데 적절한 금융상품을 선택하는 것이 필요하다.

: 금융울렁증, 이럴 땐 이렇게 :

은행에서: 대출을 받으러 은행에 가는 것이 두렵다는 소비자들이 많다. 그러나 전문가들은 대출받을 때조차도 주눅이 들 필요가 없다고 말한다. 왜냐하면 은행은 소비자에게 대출을 해 주고 이자를 받아야만 이윤을 만들 수 있기 때문이다.

만약에 대출이 필요 없다면 은행에 주눅들 필요 없이 당당하게 행동해도 좋다. 궁금하고 미심쩍은 것이 있다면 끝까지 물어보고 따져라. 예금을 하고 싶은데, 금액이 소액인지라, 창구에서 거절당한 경험이 있다면, 인터넷뱅킹을 통해서 예금에 가입하면 된다. 오프라인 예금과 달리, 예치금액에 상관없이 가입 가능한 경우가 많다.

'○○은행은 □□보험회사의 보험 모집을 담당하는 보험대리점입니다. 이 창구에서 판매하는 보험상품은 예금, 적금 등과 다릅니다.'

시중의 한 은행 직원의 책상 앞에 이런 홍보물이 놓여 있었다. 은행에서 권유해 가입했더니 은행 상품이 아니라 보험상품, 이른바 방카슈랑스 때문에 불편을 겪는 소비자들이 많다. 적금인지 보험인지 헷갈린다면 직원에게 반드시 물어보자.

보험회사에서: "구관이 명관이다"라는 말은 보험상품에도 적용된다. 보험상품은 오래된 상품이 더 좋은 상품인 경우가 많다. 보험사에서 알게 모르게 사라진 상품들을 보면 대부분 보험사의 수익에 도움이 안 되는 상품이다.

고금리의 확정금리형 상품에 가입한 경우, 시중금리 변동에 영향을 받지 않는다. 계약 기간 내내 처음 정해진 이자를 적용받는다. 예를 들어서 IMF 당시 금리가 가장 높았고 그때 7~8%대의 확정금리형 보험에 가입한 사람들은 지금 같은 초저금리 상황에서는 매우 유리할 것이다. 그러나 IMF 시기가 끝나고 금리가 떨어지니 보험사들은 설계사들을 부추겨 해약을 권유했다.

이렇게 귀찮을 정도로 자주 전화를 해서 기존 상품을 해약하고 더 좋은 상품을 가입하라고 하는 설계사들이 있다. 말로는 고객을 위한다지만 사실은 그렇지 않다. 설계사는 수당받아 좋고 보험회사는 손실을 줄일 수 있으니 그들끼리 누이 좋고 매부 좋은 것임을 잊지 말자. 내가 가입한 상품이 좋은 상품이라는 확신이 있다면 설계사의 요청이나 부탁을 당당하게 거절하여 지켜내라.

증권사에서: 증권사에서 내놓는 금융상품들은 상품 설명이 복잡하고 어려우므로 각별히 주의를 기울여야 한다. 증권사와 거래하고 불만을 제기하는 소비자들 중에 유독 고령 투자자들이 많다. 고령 투자자들은 자신의 판단보다는 영업점 직원에게 의존하는 성향이 있어 악성 분쟁에 노출되기 쉽다. 일부 악덕 증권사 직원들이 고령층을 상대로 무리하게 투자를 권유하거나 일임매매를 유도하고 있다고 한다. 직원의 의견이나 직원이 추천하는 상품은 어디까지나 참고한다는 생각을 해야지 전적으로 믿어서는 안 된다는 것을 명심하자.

이밖에 호갱님이 되지 않기 위해서 해서는 안 될 말들이 있다.

"저 저축은 잘 모르는데….."

"좋은 펀드 있으면 추천 좀 해주세요."

"국민연금으로는 충분치 않다고 들었는데 좋은 방법이 없을까요?"

"암보험 하나 더 들어야 되는 거 아닐까요?"

모른다는 말은 절대로 입 밖에 내지 말라. 나중에 들통이 나도 상관 없다. 일단 모른다고 순순히 실토해서 순진무구한 호갱임을 커밍아웃하지 말라는 뜻이다. 어설프게 아는 척도 하지 말라. 미적분 배운 중학생 앞에서 덧셈 뺄셈 할 줄 안다고 자랑하는 격이다.

반대로 호갱이 되지 않기 위해서 반드시 필요한 말도 있다.

"따로 관리해 주시는 재무상담사가 있습니다."

그들이 당신을 바라보는 눈빛부터 달라질 것이다.

또 불필요한 가입을 권유할 때는 담당 재무상담사에게 전화를 걸라. 직접 통화를 하면 권유를 차단해 주는 것은 물론, 꼭 필요한 상품만 가입할 수 있도록 도와줄 것이다. 물론 능력 있는 상담사를 만나야겠지만 말이다.

19
CHAPTER

공부가 왕도다

졸업을 앞둔 대학교 4학년 A 씨는 모 출판사에서 출판 제의를 받았다. 인기 재테크 블로거인 그의 글을 모아 책으로 내자는 것이었다. 그녀는 대학생활 내내 천만 원을 모은 재테크 팁들을 블로그에 연재했고 폭발적인 인기를 끌었다. 블로그는 엄청난 방문객 수를 기록했다.

수많은 대학생이 학자금 대출로 빚을 지고 사회생활을 시작하는 반면 A 씨는 천만 원을 모았으니 대단한 일이 아닐 수 없다. 책을 내자는 출판사의 제의가 있을 법하다. 그녀에게 기발한 투자 방법이나 독창적인 노하우가 있지 않을까? 많은 사람이 궁금해한다고 한다.

A 씨가 밝힌 노하우는 사람들이 기대하는 것만큼 기발하거나

독창적이지 않았다. 그녀는 어릴 때부터 어머니가 가르쳐 준대로 돈에 관한 습관을 길렀고 재테크 방면에 관심을 많아서 학과 공부를 하는 틈틈이 재테크 공부 역시 꾸준히 해왔다고 한다. 그녀의 목표는 경제교육기관에 취직하는 것이다. 돈에 관한 올바른 가치관을 갖고 효율적으로 돈을 모으기 위해서 공부가 반드시 필요하다는 것을 잘 알기 때문이다. 꿈을 위해서 A 씨는 초등학생 경제교육 인턴으로 일하며 경험을 쌓고 있다.

: 미래를 바꾸는 재테크 공부법 :

세계 어느 나라보다 교육열이 뜨겁고 공부를 중요시하는 나라가 대한민국인데 재테크에 있어서는 공부를 등한시하는 사람들이 있다.

"공부한다고 배울 수 있나요? 능력 있는 사람들이나 하는 거지."

"일단 투자금을 모아서 직접 투자를 해봐야 재테크가 늘죠."

"그냥 안 쓰고 안 입고 모으는 게 재테크 아닌가요?"

재테크는 따로 공부할 필요 없다고 생각하는 사람들은 대체로 이런 선입견을 갖고 있다. 그러나 재테크야말로 다른 어떤 분야보다 열심히 공부하고 부지런히 배워야 잘 할 수 있다. 그러면 지금부터 재테크 공부 방법에 대해서 알아보자.

■ 가치관을 세워라

누구나 좋아하고 누구나 많이 갖고 싶어하는 돈. 그런데 정작 "당신에게 있어 돈이란 무엇입니까?"라고 물으면 대답하지 못하는 사람들이 많다. 진지하게 생각해 본 적이 없기 때문이다. 돈에 대해서 어떤 생각을 갖는가 하는 것은 굉장히 중요하다. 그래야 돈의 목적과 돈을 모으는 방법까지 구체적으로 정할 수 있기 때문이다. 더 나아가서 '투자란 무엇인가', '부란 무엇인가'에 대해서도 생각해 보라.

너무 뜬구름 잡는 이야기처럼 들린다고? 그러면 금융철학과 돈에 대한 가치관을 주제로 한 책의 도움을 받아보라. 예를 들면 《마시멜로 이야기》나 《부자 아빠, 가난한 아빠》 같은 명저가 있다. 이런 책들은 한때 서점가를 강타했던 베스트셀러로 헌책방이나 가까운 도서관에서도 쉽게 찾아볼 수 있다. 저렴하게 사서 큰 깨달음을 얻는다면 그 자체가 좋은 경제학 수업이 아니겠는가.

■ 기초지식부터 시작하자

수학을 공부할 때도 제일 먼저 덧셈과 뺄셈부터 시작한 뒤에 곱셈과 나눗셈을 배운다. 기본적인 개념에서 복잡하고 어려운 파트로 넘어가야 이해가 쉽기 때문이다. 재테크도 마찬가지다. 실전에 앞서서 가장 중요한 것은 재테크할 자금이 아니라 기초지식이다.

중년 남자들이 많이 모이는 장례식장에 가면 이들이 대화에 열을 올리는 화제는 단연 투자와 재테크다. 그런데 그들이 하는 이야기를 듣고 있으면 피식, 헛웃음이 날 때가 있다. 화려한 언변으로 그럴듯하게 이야기를 하는데 재테크에 관한 기초지식이 전혀 없는 게 탄로나는 경우가 많기 때문이다.

돈이라는 것은 거의 모든 사람의 관심사라고 해도 과언이 아니다. 그렇다 보니 어디서 들은 이야기로 주목을 끌고 싶은 욕심이 생기는 것도 이해한다. 하지만 과시할 용도가 아니라 정말로 돈을 모으는 용도로 재테크를 활용하고 싶다면 일단은 경제와 친해져야 한다.

인터넷, 강의, 책, 팟캐스트, 동호회 등 무엇이라도 좋으니 차근차근 공부하길 바란다. 금리가 움직이면 환율과 주식은 어떻게 변동되고 움직이는지 알아야 투자를 시작할 수 있다.

■ 부자들의 증언

투자에 성공한 사람의 이야기는 언제나 주목받는다. 작은 돈으로 시작해서 큰돈을 번 사람들은 성공을 바탕으로 재테크의 달인, 전문가 칭호를 받게 된다. 그런데 이런 성공 스토리를 접할 때 한 가지 주의해야 할 것이 있다. 그들이 성공한 투자자인 것은 맞지만 맹신할 만한 전문가는 아니라는 것이다. 이들의 영웅담에는 과장되었거나 실제와 다른 부분이 있을 수 있다. 결단력과 성공 포인트, 인내심, 돈에 관한 올바른 습관 등 본받을 만한 장점만 배우는 능력이 필요하다.

▪ 맞춤 재테크 서적

재테크만큼 방대하고 다양한 책이 쏟아지는 분야가 또 있을까. 요즘 재테크 서적들은 다양한 목적에 맞게 세분화되어 출간된다. 제목부터가 펀드면 펀드, 부동산이면 부동산, 경매면 경매 등 매우 구체적이다. 관심 있는 분야를 정해서 여러 권의 책을 읽어보면 나만의 재테크 원칙을 만들 수 있을 것이다.

이때 지식을 습득하는 것만큼 중요한 것은 '흥미'다. 특별히 재미있고 관심이 가는 분야를 찾아보라.

▪ 전문지식에 도전하라

재테크와 경제에 관한 지식이 어느 정도 쌓인 사람이라면 전문지식에 도전해도 좋다. 물론 전공자가 아닌 일반인이 무작정 덤비려면 어려움이 많이 따른다. 단숨에 전문지식을 다 습득하려고 욕심을 부리지 말고 멀리 보라. 이 역시도 일종의 취미생활로, 십 년을 잡고 공부한다고 생각하면 여유가 생길 것이다. 혼자 하기 어렵다면 스터디 모임을 만들어 같이 공부하라. 전문가의 강의를 듣는 것도 좋은 방법이다.

▪ 최신 트렌드를 읽어라

세계 경제의 흐름, 이웃 나라들의 경제 상황, 우리나라의 경제 정책에 대해서 관심을 가져보자. 나름의 분석을 반복하다가 보면 앞으로의 경제 흐름을 전망할 수도 있을 것이다. 주간지나 경제지, 각종 경제연구소의 분석과 설문조사를 참고해도 좋다. 하지만 어디까지나 참고만 해야지 맹신해서는 안 된다.

: 경제 공부는 빠를수록 좋다 :

돈에 대한 가치관과 경제관념을 심어주는 것은 매우 중요한 일이다. 어찌 보면 국영수를 공부하는 것보다 더 중요한데 불행히도 우리나라 공교육은 아직 금융교육에 별다른 관심을 보이지 않는다. 부모가 직접 나서 보는 건 어떨까. 시중에 어린이용 경제서적도 많이 나와 있으니 아이와 함께 공부하며 아는 것이라도 한 번 더 확인하는 기회를 가져보자.

아이들이 직접 금융상품을 구매하는 경험도 필요하다. 은행에 가면 청소년들에게 특화된 금융상품들이 준비되어 있다. 몇몇 부모들은 아이가 직접 자신의 교육비부터 대학 등록금, 배낭여행 등의 다양한 목표를 잡고 돈을 모을 수 있도록 가르치고 있다고 한다.

청소년을 대상으로 한 은행상품은 계약 기간이 짧다. 비교적 짧은 기간 안에 저축 만기를 경험할 수 있도록 한 것이다. 저축왕이 되면 우대금리를 추가로 주는 상품도 있다. 자녀가 여러 명일 때는 자연스럽게 경쟁을 유도할 수 있어서 좋다. 대학 등록금이나 사회 진출 자금을 미리 마련할 수 있는 상품도 있다. 목표하는 대

학이나 회사를 3순위까지 지정해 놓은 후 적금 만기 때 대학 합격
증명서나 재학증명서, 재직증명서를 제출하면 우대 이율을 제공
받을 수 있다. 이밖에 봉사활동 횟수에 따라서 우대 이율을 제고
하거나 은행에서 지원하는 청소년 인턴십, 봉사활동에 참여할 수
있는 기회를 주는 상품들도 있으니 다양하게 활용해 보자.

20
CHAPTER

체중관리보다 급한 신용관리

신용 등급이 나빠도 일상생활에는 지장이 없다. 낮잠을 한숨 늘어지게 자고 싶을 때, 어딘가 훌쩍 떠나고 싶을 때 제약을 받는 것은 아니니까 말이다. 하지만 경제활동을 하려고 든다면? 신용 등급은 매우 중요해진다. 여러 종류의 경제활동 중에서도 대출은 신용 등급과 직결된다. 가계부채 1,100조 시대, 빚지지 않고 사는 것이 더없이 좋겠지만 현실적으로 단 한 푼도 빚지지 않고 살기란 어렵지 않은가.

보통은 좋은 조건으로 대출을 받기 위해서 신용 등급이 좋아야 한다는 정도만 알고 있는데 실제로 신용 등급이 쓰이는 곳은 굉장히 많다. 신용카드를 발급받을 때, 휴대전화를 살 때도, 할부 구매, 주택을 구매하거나, 자동차를 사거나 등의 전체 소비에서 신용거래는 일반화되어 있다.

그런데 안타깝게도 우리나라 젊은층의 신용 등급이 계속 떨어지는 추세라고 한다. 신용정보사인 코리아크레딧뷰로(KCB) 자료에 따르면, 10대는 2008년 1분기 3.96등급에서 2013년 1분기 5.44등급으로 크게 추락했다. 20대는 2008년 1분기 5.14등급에서 2013년 2분기 5.62등급으로 평균 0.48등급 악화됐다. 같은 기간에 30대도 4.51등급에서 4.68등급으로 평균 0.17등급 하락했다. 반면 40대는 신용 등급에 큰 변화가 없었고 50대와 60대는 소폭 호전됐다.

이렇게 이른바 1020, 젊은 세대가 신용이 나빠지는 이유는 뭘까. 한국은행은 청년층의 실업 문제를 가장 큰 원인으로 꼽았다. 여기에 금융사가 신용 리스크를 관리하면서 젊은층의 금융 접근성이 떨어진 영향도 있다고 한다. 이와 함께 등록금 대출로 신용이 나빠지는 것도 하나의 원인이라고 분석했다.

아직 왕성한 경제활동을 시작해 보지도 못한 10대, 20대 젊은층이 신용에 발목을 잡혀 경제활동이 어려워지는 것은 매우 심각한 문제다. 그렇다면 여러분의 신용은 안녕하신가? 배 둘레에 쌓여가는 지방을 태우며 몸매 관리에 열을 올리는 것도 좋지만 그보다더 시급한 것은 바로 신용관리다.

신입사원인 B 군은 급여통장을 만들면서 은행 직원에게 신용카드 발급도 권유받았다. 카드 만들 생각에 부풀어 있던 B 군에게 뜻밖에 대답이 돌아왔다.

"고객님, 죄송한데 카드 발급이 어려우세요."

알고 보니 휴대전화 요금이 문제였다. B 군은 대학생 시절에 휴대전화 요금을 연체한 적이 있었다. 용돈을 받아서 다른 데 다 써버리는 바람에 연속 3개월 이상 2~3번쯤 연체했는데 그게 기록에 남은 것이다.

"고객님 신용 등급이 8등급이라서⋯."

"8등급요? 그렇게 낮다구요?"

솔직히 B 군은 신용 등급이 몇 등급으로 나뉘는지도 알지 못했다. 다만 8등급이라고 하니 낮은 게 아닐까 짐작한 것일 뿐이다.

: 나의 신용 등급, 누가 정하나? :

개인 신용 등급은 신용평가 회사에서 각 개인 신용도가 얼마나 높은지를 평가하는 지표로 개인별 채무불이행 정도에 따라 1~10등급으로 나뉜다. 현재 NICE 평가정보의 '마이크레딧'과 KCB의 '올크레딧'이 우리나라의 대표적인 신용평가 회사로 알려져 있다. 신용평가 회사들은 1, 2금융권 금융회사들이 제공하는 정보를 수집해서 일정한 기준에 맞춰 점수를 산정하고 등급을 나눈다. 바로 이것이 우리의 신용 등급이 된다. 신용평가 회사에 따라서 평가항목과 항목별 가중치 등이 조금씩 다를 수 있기 때문에 회사별로 등급이 조금씩 다를 수도 있다. 이 자료는 다시 금융회사에서 요청을 해오면 제공되어 활용된다.

보통 신용 등급이 1~2등급 정도에 속하면 우량하다고 본다. 신용거래가 아예 없는 경우에는 5~6등급부터 시작한다. 7등급 이하부터는 1금융권인 은행권 대출이 어렵고 9등급 이하는 2금융권의 대출 또한 어렵다. 이용 가능한 금융권이 다르면 금리 또한 다르게 적용 되니, '신용' 자체가 돈이라고 봐도 무방하다. 신용 등급이 우수하다는 것은 개인의 채무불이행 위험이 낮다는 것을 의미하기 때문이다. 쉬운 말로 믿고 돈을 빌려줄 수 있다는 것이다.

그렇다면 이렇게 등급을 정하는 평가기준은 상환 이력 정보, 신용형태정보, 현재 부채액, 신용거래기간 등으로 이루어져 있다. 비율은 항목별로 제 각각이다.

신용 등급을 평가하는 첫 번째 항목인 상환 이력 정보는 등급 평가에 점수를 매기는데 40%의 비율을 차지할 정도로 중요하다. 현재 연체된 금액이 있는지 과거 채무 상환 이력이 어떠했는지를 평가한다. 이때 신용카드 사용과 신용대출, 현금 서비스(카드 대출)부터 휴대전화 요금, 교통카드 요금을 본다.

신용형태는 어떤 거래처와 신용거래를 했는지를 말해 주는 것으로 등급 평가의 26% 비율을 차지한다. 만약에 피할 수 없는 사정으로 대부업체와 거래했다면? 대부업체는 정확히 말해 사금융이다. 따라서 대부업체 대출은 금융기관이 이용하는 은행연합회상의 공용 정보에 포함이 되지 않는다. 그러므로 공식적으로는 신용 등급에 영향을 미치지 않는다. 그러나 대부업체가 고객의 신용 등급을 조회한 이력은 남는다. 이럴 경우 은행쪽에서 고객이 대부업체 대출을 받은 것으로 의심할 수 있다. 그리고 대부업체에서 대출받은 돈 역시 상환을 연체할 경우 연체 정보나 압류 등의 정보가 기록된다.

현재의 부채 금액은 등급 평가에 있어 23% 비율로 반영된다. 신용카드 대금도 부채로 간주되며 소득에 비해 부채 규모가 어느 정도인지를 본다. 카드 사용액이 소득에 비해 지나치게 높을 경우에도 등급이 떨어질 수 있다. 마지막 항목인 거래기간은 일정 기간에 이뤄진 대출과 연체 횟수를 평가하는 것으로 비율은 11%다. 현금 서비스도 여기 포함되는데 현금 서비스를 받았다는 그 자체가 신용에는 악영향을 준다.

이렇게 형성된 개인의 신용 등급은 어떻게 쓰일까? 소비자들의 피부에 민감하게 와닿는 것은 바로 대출금리다. 시중 은행들은 고객의 신용 등급에 따라 대출금리에 차이를 둔다. 2014년 5월 전국은행연합회가 '신용 등급별 대출금리'를 분석한 결과를 보자. 8개 시중 은행의 연 평균 대출금리는 5.76%다. 신용 등급별 대출금리를 보면 씨티은행이 최저와 최고 등급 간의 금리차가 가장 컸다. 씨티은행의 1~3등급 대출금리는 5.73%이고, 7~10등급은 12.15%였다. 금리 차이가 6.78%나 발생했다. 신용 등급이 좋지 않은 사람은 두 배 이상의 금리를 물며 돈을 빌려가는 셈이다.

신용 등급에 따른 금리 차이는 부채를 갚을 능력이 되지 않는 사람들에게는 가혹한 제도다. 신용이 좋지 않으니 은행에서 돈을 빌리기는 어렵고 연체가 잦아지면서 신용 등급이 떨어진다. 악순환이 반복되는 것이다. 하지만 금융기관 입장에서도 갚을 능력이 되지 않는 사람과는 거래할 수 없으니 신용 관리에 각별히 신경 써야 한다.

신용관리의 첫걸음은 내 신용 등급을 제대로 아는 것이다. 개인이 신용 등급을 확인할 수 있는 방법은 정부에서 운영하는 서민금융나들목(www.hopenet.or.kr)이 있다. 이 사이트는 앞서 말한 신용평가 회사 홈페이지를 한 번에 연결시켜주는 사이트다. 두 군데 신용평가 회사의 링크를 통해 신용 등급을 조회할 수 있다.

등급과 점수뿐 아니라, 각종 대출 정보나 신용카드 발급 이력, 신용정보 조회 이력 등도 확인 할 수 있다. 본인에 대한 신용 등급 조회는 연 3회까지는 무료이므로 최소한 1년에 한두 번은 관심을 갖고 조회하는 게 좋다. 2011년 10월 이후에는 본인이나 금융기관의 신용조회는 등급에 아무런 영향을 미치지 않으니 안심해도 된다.

: 소액 연체라고 무시하지 말라 :

우리의 신용 등급에 가장 부정적인 영향을 미치는 것이 바로 부채와 연체 정보, 이 두 가지다. 그런데 부채의 규모를 줄이는 것은 노력이 필요하고 시간도 오래 걸린다. 즉각적인 행동을 취할 수 없는 부분이다. 따라서 신용관리를 위해서 당장에 할 수 있는 일은 이자나 원리금을 연체하지 않는 것이다. 별것 아닌 것 같지만 매우 중요하다. 만약 10만 원 이상의 금액을 5일 이상 연체했을 시 이 연체 정보는 기록되어 3년 동안 따라다닌다. 신용관리만 생각한다면 연체보다는 리볼빙 서비스를 쓰는 게 낫다. 리볼빙 서비스는 카드대금 중 일정 비율만 결제하면 나머지 금액은 대출 형태로 전환되어 자동 연장되는 결제방식이다. 여기에는 고금리라는 다른 함정이 도사리고 있지만, 카드대금 연체를 피할 수 있는 방법으로 활용할 수도 있다.

상환액이 소액이라고 해서 무시할 것이 아니다. 신용 등급에 있어서는 큰 금액을 연체하는 것보다 작은 금액을 자주 연체하는 것이 더 부정적인 영향을 미친다. 예전에는 소액 연체가 대부분 신용카드 때문에 발생했는데 최근에는 20대들의 학자금 대출로 인해 발생하는 경우도 많다. 또 연체 정보의 경우 채무를 상환했다고 하더라도 해당 정보가 곧바로 사라지지 것은 아니다. 금액과 기간에 따라 5년에서 7년까지도 기록이 남을 수 있다. 이런 이유로 연체에 대해서는 각별히 주의를 기울여야 한다. 억울하게 신용 등급이 떨어지는 일이 없게 신용카드 결제일과 결제 통장의 잔고는 수시로 확인하자. 학자금 대출을 받은 경우라면 상환 시기와 방법을 정확히 알고 있어야 한다. 만약에 연체 기간이 동일하다면 연체 금액이 조금이라도 큰 건부터 먼저 해결하자.

연체를 모두 해결했다면 다음으로는 부채를 관리해야 한다. 자신의 소득보다 큰 액수의 대출은 받지 말아야 하고 과다한 부채를 가지고 있을 경우에는 일부라도 상환하는 것이 좋다. 부채 규모를 줄이면 신용 개선 속도가 빨라지기 때문이다. 다중채무가 있을 땐 한 군데 금융회사로 모아 관리하고 대출의 경우 분할상환으로 상환비율을 높이는 것이 도움이 된다. 여기에 마이너스 통장은 개설해 놓고 쓰지 않아도 부채에 포함된다는 사실을 잊지 말자.

대부분의 카드 사용자가 자주 하는 실수 중 하나. 현금서비스다. 현금서비스는 받지 않는 것이 좋다. 소액, 고금리 대출인 현금서비스는 은행 입장에서 보면 '고작 수중에 10만 원이 없어서 고금리 대출을 이용해? 큰 돈 빌려주면 안 되겠구나.'라고 생각한다. 실제로 현금서비스를 받으면 6개월 이내에 1금융권에서는 일반적인 조건의 대출이 어렵다.

어쩔 수 없이 현금 서비스를 이용해야 한다면, 여러 카드사에서 소액을 빌리는 것보다 카드사 한 곳에서 한꺼번에 빌리는 것이 신용 관리 측면에서 훨씬 유리하다. 예를 들면 10만 원 씩 세 곳의 카드사에서 빌리는 것보다 한 곳에서 30만 원을 빌리는 것이 낫다.

신용등급 향상을 위해서는 적은 금액으로 꾸준히 신용카드를 사용해야 한다. 연체되지 않는 신용카드 거래이력을 쌓는 것이 가장 효율적이고 손쉬운 신용관리 방법이다. 따라서 소득공제 혜택을 위해서 체크카드 위주로 사용하되, 휴대전화 요금 정도는 신용카드로 결제를 하는 것이 좋다.

21
CHAPTER

소득에 생활을 맞춰라

금융감독원이 2015년, 18세 이상 국민 2,400명을 대상으로 금융 이해도에 관한 조사를 실시했다. 조사 결과를 보면 재미있는 사실을 알 수 있다.

'대출은 갚을 수 있는 수준만 받도록 한다', '수익률이 높은 상품은 상대적으로 큰 위험이 생길 수 있다'는 질문에 90%에 육박하는 사람이 그렇다고 정답을 이야기했다. 그러나 실제 행동과 태도 항목으로 들어가면 정반대의 결과가 나왔다.

'물건을 사기 전에 그만큼 돈의 여유가 있는지를 확인한다'는 응답과 '대출받기 전에 대출금 상환 능력을 우선 점검한다'는 응답은 각각 76%, 71%에 그쳤다. '각종 청구 대금을 정해진 기일 내에 지불한다'는 응답은 78%였다. 5명 중 1명 꼴로 잔액이 얼마 있는지 모른 채 물건을 사고, 갚을 수 있을지 불확실한 빚을 지고, 신용카드 대금이나 아파트 공과금을 제때 내지 못하고 있다는 뜻이다.

지출과 저축에 관한 올바른 습관에 대해서 누구나 알고 있다고 생각한다. 예를 들면 '미래를 위해서 저축을 해야 한다'든지 '수입보다 지출이 많아서는 안 된다' 같은 것들 말이다. 그런데 누구나 알고 있는 이와 같은 상식을 실천하기까지는 어려움이 따른다. 알고 있는 상식을 실천하기 어려운 까닭은 무엇일까?

돈에 있어서 상식을 실천하기까지 너무 많은 유혹과 적들이 우리를 둘러싸고 있기 때문이다. 지피지기면 백전불태라고 하는데 우리는 적을 잘 알지 못할 뿐더러 매번 위태로운 상황이다. 쉬운 예로 텔레비전 드라마와 광고, 주변 사람들의 SNS를 보자. 매일같이, 무심히 접하는 것들이지만 그것들은 사실, 끊임없이 소비를 조장하고 있다. 맛있는 음식에 좋은 차, 철마다 떠나는 여행 등 그냥 보기에도 화려하고 즐거워 보이는 라이프스타일은 허상이다. 그런데 생각보다 많은 사람들이 라이프스타일의 환상을 좇는다.

"그렇게 낭비하는 편이 아닌데요? 남들 쓰는 만큼 쓰고 있어요."

"과소비한다고 생각하진 않는데요. 그렇게 펑펑 쓸 돈이 있어야 쓰죠."

많은 상담자들이 소비 패턴에 대해 지적을 하면 이렇게 말하곤 한다. 그런데 '남들 쓰는 만큼 쓴다, 크게 과소비하지 않는다' 이런 식의 인식부터 바꿀 필요가 있다. 소비는 철저하게 내 소득을 기준으로 해야지 남과 비교해서는 안 된다. 그리고 통제하고 줄이고자 애를 써야지 펑펑 쓰지 않으니 괜찮다는 식의 생각은 위험하다.

: 남들 쓰는 만큼 쓰면 후회한다 :

소비에 대한 생각을 알아볼 수 있는 질문을 던져보자. 1백만 원이 생겼다고 가정했을 때 여러분은 무엇을 할 것인가? 생각만 해도 즐거운 질문이다. 가고 싶었던 여행지, 사고 싶었던 물건, 가족에게 사주고 싶었던 선물이 떠오를 것이다.

저축을 한다고 생각해 보자. 조금 전에 느꼈던 즐거움과 설렘은 사라지고 어쩐지 시시한 기분이 든다. 실제로 갑자기 돈이 생기면 대부분의 사람은 어떻게 쓸 것인가에 대해 이야기한다. 넉넉하지 않은 형편에 적은 돈일지라도 여유가 생긴다면 소비를 먼저 생각하는 것은 어쩌면 당연한 일인지도 모른다. 저축은 아주 큰돈이 생겼을 때나 생각해 볼 수 있는 일이다.

그런데 한번 생각해 보자. 인생에서 갑자기, 큰돈이 거저 생길 가능성이 몇 %나 될까. 큰돈이 생기는 일은 정말 희박하고 돈이 갑자기 생기면 액수가 작다. 작은 돈은 모으지 않고 써버리기 바쁘다면 도대체 언제 돈을 모을 수 있을까. 소비하려고 들면 끝이 없는 세상이다. 매 순간 소비할 것들이 우리의 눈과 귀를 자극한다. 소비도 일종의 중독이기 때문에 즐거움과 만족이 즉각적이고 감정적이다.

반대로 저축은 당장에 즐거움을 느낄 수 없는, 매력이라곤 없는 선택으로 느껴진다. 하지만 작은 액수라도 천천히, 여러 번 모아보라. 시간이 흐른 후에 아주 큰 만족을 느낄 수 있을 것이다. 저축을 많이 하기 위해서는 이렇게 만족을 미루는 능력을 키워야 한다. 소비를 통제하려는 욕망, 즉 감정의 통제가 필요하다. 여기에 그동안 SNS를 통해서 소비를 자랑하고 과시함으로서 존재감을 확인하고 다른 사람들의 부러움을 사고 싶어 하지 않았던가 하는 자기 반성이 필요하다.

지금까지의 이야기에서 약간의 느낀 바가 있다면 이제 우리 머릿속에 있는 금전에 대한 개념을 다시 한 번, 확실하게 세워보자.

수입이란 무엇인가? 월급, 사업 수익, 투자 혹은 이자 수익, 연금 등 그 종류는 매우 다양하다. 정기적이고 예측 가능할수록 안정적인 것이 수입이다.

지출은 무엇인가? 월급이 통장을 스쳐 지나가는 것 같은 것은 모두 지출 때문이다. 많은 사람들이 세금과 대출 이자, 카드 대금 등을 우선 납부하고 남은 돈을 쓰기 바쁘다. 언제나 줄여보려고 애쓰지만 작심삼일로 끝나는 금연처럼 쉽지 않다.

저축은 무엇인가? 요즘과 같은 때는 금리까지 낮아 저축은 더욱 매력적이지 못하다. 하지만 저축은 무조건 필요하다.

목돈은 무엇인가? 목돈은 저축의 목적이다. 목돈으로 투자를 하고 이자를 늘려야 추가 수입이 발생한다. 물론 비상시를 대비하거나 덩치 큰 소비, 빚 등을 갚기 위해서도 목돈은 필요하다.

투자는 무엇인가? 투자를 할 수 있다는 것은 어느 정도 수준까지는 저축을 했고 여유가 있다는 증거다. 금융상품을 구매하거나 부동산, 사업 등을 직접 해볼 수 있다.

추가 수입이란 무엇인가? 추가 수입이 생기면 저축을 해서 또 다른 투자를 해볼 수 있다. 물론 지출도 늘릴 수 있다. 모두가 바라는, 즐거운 일이 아닐 수 없다.

여기서 소비를 중요시하는 사람들은 수입이 들어오면 소비하고 다음 달에 다시 수입이 들어오면 모두 소비하는 사이클을 반복한다. 이들은 저축을 해도 사고 싶은 것이 있거나 여행을 떠나고 싶어 돈을 모으는 경우가 많다. 목돈을 모아 소비를 하면 주로 고가의 물건을 사게 된다. 자동차나 명품이 목적이 된다.

덩치 큰 소비를 하고 나면 일시적인 만족감은 굉장히 크다. 그런데 시간이 지나서가 문제다. 비용 지출이 늘어 결국에는 현금 흐름에 위협을 받게 된다. 쉽게 말해서 생활이 쪼들린다는 뜻이다. 반면 훗날을 도모하며 돈을 버는 사람들은 수입을 저축하고 저축으로 투자하고 추가 수입이 발생하는 경로를 반복한다. 부자들은 대개 이런 과정을 통해서 돈을 모은다.

: 응급 지출에 대비하라 :

여기까지 읽고 저축의 필요성을 느꼈다면 다행스러운 일이 아닐 수 없다. 그러면 저축이 어려운 위기를 어떻게 피해갈지 그 방법에 대해서 알아보자. 솔직하게 말해서 정해진 생활비로 알뜰살뜰 아껴쓰고, 어디 새는 돈은 없는지 꼼꼼히 통제하기가 만만치 않은 일이다. 꼼꼼한 사람들은 스마트폰 가계부 어플에 신용카드, 체크카드, 계좌이체 내역까지 연결시켜서 활용한다. 이렇게 해서 얼마 안 되는 현금이라도 모으기 시작하면 몇 개월 만에 상당한 수준까지 도달한다. 지갑 속 수백만 원의 금전적인 여유는 일과 생활에서의 모습마저도 바꾸는 대단한 위력을 가진다.

그런데 살다보면 어쩔 수 없이 써야만 하는 급작스런 지출항목이 생기기 마련이다. 동료와 지인들의 결혼, 돌잔치 소식이 반갑지 않지만 원만한 사회생활을 위해서 참석해야 한다. 큰맘을 먹고 써버린 휴가비용을 보면 과거의 내가 원망스럽다. 매월 월급에서 떼는 세금도 많은데 자동차세, 주민세, 재산세 등등, 일 년에 한 번씩 내야 하는 세금은 또 어떤가. 자동차 보험료도 수십 만 원이다. 차를 팔아버릴까 싶지만 말처럼 쉽지 않다. 집안 어르신들 생신과 명절, 집안 대소사는 너무 자주 돌아온다. 부모님이 덜컥 입원하시면 그것도 막막하다. 돈도 돈인데 인색하게 쓰면 쓰고도 욕을 먹거나 가정불화의 원인이 될 수 있다.

이렇게 반드시 지출을 해야 하지만 예측이 안 되는 지출이 있다. 이런 이유로 지출을 하고나면 그동안 잘 해오던 생활비 통제도 고삐를 놓치게 되고 비상금은 바닥난다. 어디에도 돈이 솟아날 구멍이 없으면 마이너스 통장과 신용카드에 손을 대는데 문제는 이러한 일이 계속 반복되는 것이다.

그래서 저축도 좋고 투자도 좋지만, 가정의 비정기 예산 수립이 완벽해야 한다. 이것이야말로 원활한 목돈 마련의 중요한 기초이기 때문이다. 비정기 예산을 마련하는 방법은 다음과 같다.

매월 정기적으로 지출되는 생활비의 규모를 파악한다.

이와 별도로 경조사비, 자동차 보험료, 각종 세금, 기념일, 명절 비용, 휴가비 등의 비정기적 지출 항목이 발생할 시 얼마의 지출이 있었는지 파악한다.

달력에 작년 1년 간의 월별 사용 내역을 체크한다. 가계부와 통장 이체 내역, 카드 사용 내역에 나와 있는 금액도 날짜와 맞추어 놓는다. 지난 1년 간 사용한 총액을 모두 더하면, 그 총액이 우리 가계의 비정기 예산이다.

예를 들어서 비정기 예산의 값이 300만 원이라는 결과가 나왔다면 이듬해 1월부터 12월까지 사용할 300만 원을 한 해 동안 마련해 놓자.

비정기 예산을 사용하는 데에도 요령이 필요하다. 따로 통장에 두고 체크된 그 날짜에 그 금액만큼만 사용하자. 모아놓은 예산보다 더 써버리면 지난 일 년간 들였던 수고가 모두 실패로 돌아가고 만다.

물론 많은 가정이 여윳돈과 비상금이 넉넉지 못한 게 사실이다. 그러므로 연말에 나오는 성과급을 함부로 쓰지 말고 내년의 비정기 예산에다 보태길 바란다. 당장 바꾸고 싶은 가전제품이 있고 쇼핑해야 할 것도 많고 떠나고 싶은 여행지가 한두 군데가 아닌 것은 누구나 마찬가지다. 유혹이 강하고 집요하지만 지금 당장 실천하지 못하면 저축과 투자는 앞으로도 영영 잡을 수 없는 신기루가 될 것이다.

22
CHAPTER

해약해, 말어?

: 빚 내서 보험료 내는 사람들 :

올해 31세 직업 군인인 C 중사는 임관한 지 8년째다. 그에게는 만난 지 1년 된 여자친구가 있다. 두 사람은 연말쯤에 결혼할 계획이다. 중사의 성과급을 포함한 월 평균 소득은 280만 원, 매달 170만 원가량 지출하고 나면 잉여자금은 90만 원 정도다. 보험료로 매달 18만 원을 납입한다.

　보험료의 구체적인 내역을 알아봤다. D생명 더블종신 10만 원, D생명 더블암종신 6만 원, L손해보험 운전자보험 2만 원이었다. 저축 내역은 다음과 같다. 일반 공시연금 30만 원과 15만 원, 군인공제 20만 원, D생명의 목돈 받는 변액종신보험 기본 25만 원에 추가 납입 25만 원, 총 50만 원(C 씨는 종신보험도 저축이라며 한사코 저축내역에 넣어야 한다고 주장했다). 이렇게 하면 저축 합계가 115만 원이다.

총내역을 살펴보면 잉여자금보다 저축이 더 많은 것을 알 수 있다. 매달 현금 흐름이 마이너스다. C 씨는 생활비가 부족해서 군인공제에서 공제저축액을 담보로, 대출을 받아쓰고 있다.

"저축은 하고 있는데 잘하고 있는지 궁금합니다."

그의 목소리는 자신감이 없었다. 긴장했는지 묻는 말에 겨우 대답이나 하는 정도였다.

우선 가입된 보험의 종류와 보험료가 제일 큰 문제였다. 가입한 경로와 목적을 물었더니 그는 필자의 눈을 제대로 쳐다보지 못한다. 보험에 가입한 이유는 친한 동기 때문이었다. 동기가 전역하고는 보험설계사가 된 것이다. 설계사 입장에서는 군대 동기니 먹잇감을 찾아온 것이나 다름없었다.

설계사가 된 동기는 C 씨더러 군인공제에 가입해 매달 75만 원씩 붓고 있던 것을 깨라고 했다. 이뿐만 아니라 적금도 해약하라고 했다.

"저축을 전부 공시연금으로 바꿔보자."

그 무렵 동기는 보험회사에 들어간 지 몇 달 되지 않았기 때문에 변액보험 자격증을 취득하지 못한 상태였다. 그래서 공시연금부터 시작한 것이다. 여기에 더블종신보험, 더블암 보험 등 보장성 보험도 가입하도록 권유했다. C 씨에게 동의를 구하고 보험증권 파일을 열어봤다.

군대 동기라는 담당 설계사는 이력이 아주 화려했다. 보험 실적이 우수한 설계사에게 주는 MDRT 타이틀을 달고 있었다. 이렇게 연금과 보장성 보험에 잔뜩 가입하고 1년쯤 흘렀을 때 다시 설계사가 C 씨에게 찾아왔다. 이때 사망 보장금 2억 5천만 원인 종신보험에 가입해 매달 25만 원을 납입하고 추가 납입으로 25만 원을 더 내기로 한 것이다.

"이렇게 하면 목돈을 더 빨리 모을 수 있으니 이득이야."

C 씨는 그 말을 믿었다.

제일 큰 문제는 현금 흐름이 마이너스라는 점이었다. 결혼을 하면 대개 생활비가 더 늘어난다. 빚을 내지 않으면, 고정저축 115만 원은 유지하는 게 불가능해진다. 또 그는 올해 안에는 결혼하고 바로 자녀를 출산할 계획이다. 그렇다면 향후 3~5년은 맞벌이를 하기가 어렵다. 저축으로 115만 원은커녕 50만 원도 못할 처지가 된다. 게다가 C 씨의 저축은 전부 장기저축이다. 종신보험 납입기간이 17년 남았고 공시이율 연금도 7년 이상 남았다.

"그래도 지금 이렇게 하는 게 노후엔 좋지 않을까요? 전 어떻게 해서든 전부 유지하고 싶은데요. 중도인출 기능이 있으니까 돈이 모자라면 찾아서 불입하고 또 찾아서 불입하면 안 될까요?"

C 씨는 고집을 부렸다. 이와 같은 상담 케이스를 보면 보험회사들이 엄청난 수익을 올리고 빌딩을 세우는 이유를 알 것도 같다. 상담을 해보면 나에게 좋은 일이 아니라 보험회사에 좋은 일을 하

는 사람들이 생각보다 많기 때문이다.

어쨌거나 C 씨는 빚을 내서 저축하는 재무문제에서 벗어나기로 결심하고 해약환급금에 대해서 알아본다고 했다. 그런데 그 과정에서 그는 또 콜센터 여직원에게 설득을 당하고 말았다.

"종신보험은 7년만 유지하면 사망 보장금은 빠지고 적립금만 운용할 수 있대요. 앞으로 4년만 더 넣으면 되는데 아깝잖아요. 공시 연금 45만 원도 7년만 더 넣으면 된대요. 유지하면 안 될까요? 지금 해지하면 5백만 원 손해봐요."

"곧 결혼하시고 자녀도 태어날 텐데 4년, 7년이 짧은 시간이 아니잖아요. 유지하시면 5백만 원보다 더 큰 손해를 본다고 제가 말씀드렸죠?"

그러나 C 씨는 귀를 닫았다. 온갖 객관적인 자료와 사례를 들어서 설명을 해도 듣지 않았다. 계속 설득을 해도 소용이 없었다. 필자가 물러서는 수밖에 없었다.

"그렇게 확고하시니 더 이상 드릴 말씀이 없군요."

"아니, 재무상담 하시는 분이 그렇게 말씀하시면 어떡해요?"

"제가 어떤 말을 드려도 소용이 없을 것 같습니다."

"그럼 저는 어떡해요? 어떡하느냐고요."

오히려 필자가 C 씨를 붙들고 '날더러 어쩌라는 말입니까!' 하고 외치고 싶었다. 눈을 감고 귀를 닫아서 안 보고 안 들으려는 C 씨는 자신도 문제라고 인식하고 있는 상황을 회피해 스스로를 보호하려고만 했다.

그는 문제를 해결하지 않고 왜 회피하려고만 했을까. 문제를 해결하는 과정에서 겪을, 골치 아픈 일로부터 자신을 보호하고 싶었던 것이다. 이것을 심리학에서는 심리적인 방어기제라고 한다.

심리적인 방어기제에 대해서 이야기할 때 '부인'과 '합리화'는 매우 중요한 요소다. 보험 앞에서 유독 부인과 합리화로 무장하고 자신의 생각을 고집하는 고객들이 많다. 먼저 부인은 엄연히 존재하는 위험이나 불쾌한 현실을 없다고 여기면서 그로 인한 불안을 회피하고 편안한 상태를 유지하려는 심리적인 방어기제다. 예를 들어서 말기 암환자들은 자신이 병들었음을 인정하지 않거나 아예 '나는 병에 걸리지 않았다'고 생각한다. 비슷한 예로는 사랑하는 사람이 죽었을 때, 그 사랑하는 사람이 죽었다고 인정하지 않는 것을 들 수 있다. 부인의 특성은 다른 사람이 설득하려고 하면 더욱 더 자기 생각을 고집한다는 점이다. C 씨도 마찬가지다. 무리해서 보험을 유지해 봤자 더 큰 손해만 입게 될 거라는 조언에도 그는 손해 본다는 현실을 인정하지 않았다.

합리화는 이성적으로 보면 용납될 수 없는 충동이나 행동을 의식적으로, 그럴듯한 설명이나 이유를 대서 정당하다 간주하는 것이다. 합리화에 능한 사람들은 자신의 행위나 행동에 그럴듯한 이유를 찾아서는 그에 맞게 심리적인 위안을 얻는다. 특히 불안하고 두려울 때, 심리적인 안정감을 찾기 위한 수단으로 문제를 합리화한다.

상식적으로 생각해 봐도 빚을 내서 보험료를 납입하는 것은 생활을 포기하는 것이나 다름 없다. 어쩌다가 한두 번도 아니고 현금이 모자랄 때는 가입한 보험 중 일부라도 해약하고 현금 흐름을 원활하게 만들어야 한다. 그러나 안타깝게도 C 씨는 이 사실을 인정하지 않았다. 그의 경우, 아이가 태어난 후 생활이 지금보다 더 쪼들리고 더 큰 손해를 보고서야 문제의 심각함을 깨달을 수 있을 것 같다.

혹시 이 글을 읽는 독자들 중에서도 C 씨만큼 정도가 심각하진 않더라도 무리해서 보험료를 납입하고 있는 이들이 분명 있을 것이다. 그들에게는 꼭, 해약을 두려워 말라는 말을 전하고 싶다. 아니, 더 늦기 전에, 더 큰 빚을 지고 손해를 입기 전에 해약하길 바란다.

: 완주할 수 있다면 완주하는 것도 능력 :

시중의 수많은 재테크 서적, 경제신문 기사에서 '무리하게 유지할 것이 아니라 해약하라', '해약을 두려워하지 말라'고 조언한다. 위의 C 씨의 경우는 보장이 아니라 저축의 목적으로 여러 개의 보험상품에 가입한 것부터가 잘못이다. 게다가 당장 생활자금도 없는데 빚을 내서 보험을 유지하는 것은 분명 어리석은 짓이다. 이럴 때는 손해를 보더라도 해약하는 것이 맞다.

그런데 C 씨처럼 극단적인 경우가 아니라면 해약 앞에서 신중

할 필요가 있다.

언제나 저축에 대해서 의욕적이다가 어느 순간에 실패하지 않는가? 적금을 중도에 해지하는 일이 잦은가? 어쩌다가 돈이 너무 급해서 한두 번 해지하는 것은 모르겠으나 습관적으로 하는 것은 그만큼 돈을 모을 의지가 약한 게 아닌가 의심해 볼 필요가 있다.

재무상담을 한다고 하면 다짜고짜 이렇게 질문하는 사람들이 많다.

"어떻게 돈 모으세요?"

"어떻게 하면 부자가 될 수 있어요?"

잔뜩 기대하는 눈빛으로 대답을 기다리는데 필자는 종종 이렇게 대답하곤 한다.

"돈 모으는 건 습관입니다. 끈기 있는 사람이 부자가 돼요."

이렇게 대답하면 뭔가 대단한 비결이나 투자 방법을 얘기할 거라 기대했던 사람들의 반응은 영 신통치 않다.

"에이, 그건 뭐 다 아는 얘기잖아요."

너도 알고 나도 알고 우리 모두가 오래전부터 알고 있던 진리. 이미 아는 사실이라서 무시당하기 쉽지만 이것이 정답일 때가 의외로 많다. 돈에 있어서도 마찬가지다.

부모님의 도움 없이 부를 이뤄낸 자수성가형 부자, 어려움을 딛고 다시 일어선 오뚝이형 부자들의 면면을 살펴보면 공통점이 있다. 바로 한 방의 투자로 돈을 모은 것이 아니라 지속적인 습관으로 부를 축적한 것이다. 한마디로 돈을 모으는 것이 습관으로 몸에 배어 있다고 보면 된다. 이런 부자들의 사전엔 '해지'란 없다. 정말 돈이 급하고 어려울 때도 절대로 저축을 깨지 않는다.

"마라톤과 비슷해요. 중도에 포기하면 앞에서 열심히 달려온 게 소용이 없어요. 어려운 일이 생겨도 완주해야 돼요."

"현금이 없어서 마이너스가 되면 어떻게 하죠?"

"그럴 때는 빚을 내서라도 적금을 들었어요. 상식적으로는 말이 안 되죠. 그런데 그렇게 해서라도 완주하는 경험을 해봐야 합니다. 그래야 다음에도 완주하고 또 완주할 수 있어요."

이렇게 어떻게든 해약만은 피하려는 데에는 나름의 이유가 있다. 중간에 예상치 못한 지출로 적금이나 예금을 중도해약을 하면 이자를 거의 못 받게 된다. 주식이나 펀드처럼 높은 수익을 포기하는 대신 낮은 약정이자를 받기로 하고 가입하는 것이 예금과 적금이다. 이익이 적어도 안전한 길을 택하는 셈이다. 그런데 이 낮은 이자마저도 중도해지로 못 받게 되면 이는 명백한 투자 실패다. 게다가 돈이 급해서 예금을 깨고 필요한 돈을 썼다면 나머지는? 나머지도 흐지부지 써버리게 되는 경우가 많다. 이렇게 돈을 지키기란 쉽지가 않다.

해지를 피할 수 있는 방법도 따로 있다. 매월 100만 원씩 적금을 계획하고 있다면 100만 원짜리 적금을 한 상품으로 가입하지 말고 덩치를 작게 나누자. 50만 원, 20만 원, 20만 원, 10만 원으로 쪼개는 것이다. 만약에 돈이 급할 때 덩치가 작은 상품 순으로 해약하면 이자 손실도 분산할 수 있다. 해약하지 않은 나머지 예금은 유지해서 약정이자를 다 받을 수 있을 뿐만 아니라 중도해약 후 남는 돈을 흐지부지 써버리는 것도 예방할 수 있다.

　이미 가입한 보험을 해약하는 데 있어서도 신중하자. 근래 보험 회사는 모두 경영 악화를 겪고 있다. 보험료 수입은 갈수록 줄어드는데 줘야 할 보험금은 빠르게 늘고 있기 때문이다. 이렇다 보니 보험사들은 보험금을 산정하는 손해사정사를 상대로도 성과급까지 주며 해약이나 보험금 삭감을 독려하고 있는 것으로 드러났다. 손해사정사가 보험 계약자의 해지 동의서를 받아오면 10만 원을 주고 고객에게 지급해야 할 보험금을 많이 깎을수록 이들이 받는 인센티브도 늘어난다.

　예를 들어서 보험 계약 해지 동의서를 받아오고 보험금을 1억 원을 줄이면 기본 수수료를 포함해 120만 원을 성과급으로 받을 수 있다. 일부 보험사는 실제 보험금을 얼마나 깎았는지 우수사례 대회도 열고 포상까지 한다. 1등 한 사람은 해외여행이라든지 상금 같은 혜택을 준다. 가입할 때는 보험금을 다 줄 것처럼 설명하다 나중에는 해지를 강요하고 보험금을 깎는 것이다. 완주를 방해하는 여러 가지 요소가 있으니 주의하자.

내 돈 놓치지
않는 법

신이 돈에 대해 어떻게 생각하는지 알고 싶다면
그가 돈을 어떤 사람에게 주는지 살펴보라.

- 도로시 파커

부채, 답을 찾아라

지방 공무원인 D 씨는 2012년 친척으로부터 솔깃한 제안을 받았다. 고향에 좋은 땅이 있는데 투자하면 몇 달 만에 큰돈을 벌 수 있다는 은밀한 제보였다. 평소 공무원 박봉으로 어렵게 생활하던 D 씨는 지금이 돈을 벌 절호의 기회라고 생각했다. 대출을 받아서 겨우겨우 샀던 아파트는 D 씨가 난생처음 도전해 본 투자였는데 실패로 돌아갔다. 집값이 크게 떨어져 실망이 이만저만이 아니었는데 잘만 하면 아파트로 잃은 돈을 만회하고도 남을 것 같았다.

그러나 수중에 돈은 없고 집을 산다고 대출을 받았기 때문에 추가 대출도 어려웠다. D 씨는 마음이 급했다. 여러 날 망설이다가 결국 대학생이던 큰딸과 아들 이름으로 대부업체 여러 곳에서 총

1,800만 원을 빌렸다. 아이들에게 말도 없이 돈을 빌린 것이 마음에 걸렸지만 잘될 거라고 믿었다.

하지만 그의 원대한 기대와 달리 땅값은 나날이 떨어졌다. 빚은 고스란히 자녀들 몫으로 남았다. D 씨의 아들과 딸은 대부업체의 비싼 이자를 갚는 것도 버거웠다. 아르바이트를 하며 매달 30~40만 원씩 갚았지만 역부족이었다. 그렇게 2년 넘게 빚으로 고생하던 아들과 딸은 겨우 대출을 정리했다.

2030세대 가운데 학자금 대출 때문에 사회에 첫발을 빚과 함께 내딛는 젊은이들이 점점 늘고 있다. 과소비로 인한 경제난을 겪는 젊은이들도 있지만 앞서 소개한 사례처럼 부모의 빚을 대신 지게 된 이들도 적지 않다. 이러한 사실은 신용회복위원회에 의뢰해 채무조정을 받으러 온 2030 젊은이들의 부채 사유를 조사한 결과에서도 드러났다. 170명 중 19%인 33명이 부모와 관련 있는 사유로 빚을 진 것으로 조사됐다.

불과 십 년 전만 해도 무분별한 과소비가 아니고서야 젊은이들이 빚을 질 일이 없었다. 빚이란 내 집 마련과 노후를 준비하는 40~50대들의 전유물이었다. 그런데 대학 등록금이 상상을 초월하도록 가파르게 상승하면서, 또 소비에 중독된 2030들이 늘어나면서 이제 따로 빚 지는 나이라고 할 게 없어졌다. 게다가 위의 사례처럼 가장 가까운 피붙이가 무리해서 욕심을 내거나 금융지식이 없어서 큰 빚을 지고 그 빚을 함께 떠안는 경우도 많다. 젊은층에서부터 노년층까지, 대한민국에서 빚 없는 사람을 찾아보기 어렵다고 할 정도로 부채는 시대의 화두로 떠올랐다.

　결론부터 이야기하자면 부채는 하루 빨리 청산해야 한다. 부채를 청산하지 않고서는 희망을 품을 수 없기 때문이다. 그리고 부채는 크든 작든, 채무자에게 무거운 부담감을 지운다. 부채엔 답이 없다고 하지만 꼭 그런 것만은 아니다. 빠르게 부채를 청산하고 재무상태를 건강하게 바꾸어갈 수 있는 방법을 알아보자.

: 자산과 부채를 구분하라 :

　빚을 청산하기 위해서 제일 먼저 할 일은 부채가 얼마인지 파악하는 것이다. 그러기 위해서는 일단 자산과 부채를 구분해야 한다. 마치 자산처럼 보이지만 알고 보면 부채에 해당하는 경우도 많기 때문이다. 누구에게나 내 자산의 규모를 실제보다 조금 더 후하게 쳐주고 싶은 심리가 있다. 그래야 우선은 덜 불안하고 안심이 되기 때문이다. 하지만 지금 가진 것을 모두 자산이라고 보면 곤란한다. 다소 실망스럽더라도 내 자산의 규모를 냉정하게 따져보아야 한다.

　그렇다면 자산과 부채는 어떻게 구분할 수 있는가? 쉽게 말해서 당신의 통장에 지속적으로 돈을 넣어줄 수 있을 것으로 기대되거나 실제로 그렇게 해 주는 대상이 자산이며 반대로 통장에서 지속적으로 돈을 빼내 갈 것이라고 예상되거나 혹은 실제로 그러한 것을 부채라고 한다. 이제 우리가 갈 방향은 정해졌다. 자산을 꾸준히 늘리고 부채를 자산으로 바꾸어 보자.

부채인데도 부채로 잘 인식하지 못하는 항목의 대표 주자는 집이다. 내 집 마련은 대한민국 성인 남녀의 영원한 꿈이다. 집값이 하락해도 집을 사고 올라가면 더욱 더 집을 사려고 한다. 여전히 부동산의 기적을 바라는 사람들이 많기 때문이다.

그런데 어렵게 돈을 마련해서 집을 샀다고 해도 집은 자산이 아닌 부채로 분류해야 한다. 처분 시점에서는 자산이 될 수도 있다. 집을 소유하는 데 따른 모든 비용을 상쇄할 만큼 가격이 올랐다면 말이다. 많은 사람이 집을 사면서 이런 행복한 상상을 한다. 하지만 지금과 같은 불황 속에서 집값이 상승할 것이라는 보장은 그 누구도 할 수 없다. 더욱이 주택 가격을 마음대로 결정하거나 통제할 수도 없는 노릇이다. 빚을 얻어서 집을 마련했다면 다달이 이자까지 물고 있으니 부채임을 부정할 수 없다. 집이라는 거대한 부채를 줄이고 싶다면? 주거 형태를 바꾸거나 비용이 덜 드는 곳으로 주거지를 옮겨야 한다. 어떻게 마련한 내 집인데 절대로 그럴 수 없다는 생각이 들겠지만 혹시 내가 집으로 인해 고통받는 하우스푸어는 아닌지 곰곰이 생각해 볼 필요가 있다.

신용카드 대금이 부채라는 데에는 많은 사람들이 동의할 것이다. 신용카드는 지갑에서 현금이 빠져나가는 시점을 연기시키는 도구다. 눈으로 보이는 현금이 나가는 대신에 결제일에 맞춰 통장

잔고가 줄어드는 것인데 그 차이는 실로 놀랍다. 만약에 현금 뭉텅이가 빠져 나간다면 우리가 그렇게 신나게 돈을 쓸 수 있을까? 신용카드의 숫자놀음이 마치 공짜로 사들이는 것 같은 착각을 안겨준다.

그러므로 신용카드는 소비자의 편리성을 위해 만들어진 것이 아니다. 그보다는 돈의 유통비용을 줄이고 소비를 촉진하며 돈의 흐름을 투명하게 관리하려는 수단으로 개발됐다. 여기에 할부제도까지 이용해 이자를 문다면 이는 더할 나위 없이 완벽한 부채다. 같은 맥락에서 마이너스 통장도 부채다. 경제가 이렇게 어려운데도 아니, 어려울 때일수록 은행이나 대부업체는 돈을 가져다 쓰라고 한다. 마이너스 통장의 높은 이자 때문이다.

매일 같이 타는 자가용이나 명품, 가전제품 같은 우리 집안에 있는 물건들도 살펴보자. 모두 재산이라고 여기며 뿌듯한 기분을 안겨주던 물품들이다. 가격이 비싸기 때문에 사용 기간이 길고 경우에 따라서는 되팔 수도 있으므로 자산이라고 생각하기 쉽다. 하지만 이미 중고가 되어버린 이 물품들이 얼마나 가치가 있을까? 특히 자가용의 경우 출고되는 순간 중고차가 돼 가치가 떨어지며 이용하는 내내 유지에 따른 추가비용이 발생한다. 여기에 만약에 할부로 구매했다면 이는 말할 것도 없이 부채에 해당된다.

: 빚과의 결별을 원한다, 간절히 :

이렇게 부채와 자산을 구분지어 놓고 보면 내 부채가 얼마인지 알 수 있을 것이다. 이제부터는 본격적으로 빚 갚는 방법에 대해서 알아보자. 모든 일에는 우선 순위가 있듯이 빚을 갚을 때도 우선순위를 정하면 쉽다. 다중 채무 상황이라면 이율이 제일 높으면서 회전율이 빠른 대출부터 갚아야 한다. 카드론이나 현금 서비스는 이율이나 상환기간이 다른 대출에 비해 부담이 큰 만큼 가장 먼저 갚는 것이 좋다.

금융기관을 찾아가서 적극적으로 도움을 청하는 것도 요령이다. 금융기관에서 채무자를 달가워하지 않을 것 같지만 꼭 그렇지만도 않다. 채권자인 금융기관의 입장에서도 고객이 어떻게든 빚을 청산하는 것이 도움이 된다. 다른 금융기관에서 또 다시 빚을 내서 빚으로 빚을 갚거나 기존의 채무가 악성채무로 변하는 것은 골치 아픈 일이다. 상담받은 다음에 대출기간과 상환기간을 연장하는 방법을 알아보자. 최소한의 빚이라도 빨리 갚는 것이 채권자에게도 채무자에게도 이득이다.

두 번째로 해야 할 일은 현금 흐름 만들기다. 원리금 상환을 포함해서 지출이 수입을 초과하거나 거의 비슷한 상황인가? 아무리 빠듯한 상황일지라도 내 마음대로 처분할 수 있는 현금 여유분이 있어야 한다. 현금 흐름을 만들지 못하면 빚이 계속 늘어나는 악순환에서 벗어날 수가 없기 때문이다. 가계부를 펼쳐 놓고 지출항목 중에 줄일 수 있는 항목을 최대한으로 줄여보라. 부채를 청산하기 위해서는 마음을 단단히 먹어야 한다. 이것저것 누리면서 빚을 갚을 수는 없음을 명심하라.

가장 쉬운 예로, 많은 사람이 식비와 교육비는 줄일 수 없는 돈이라고 한다. 그러나 전문가들은 대출이 많은 가정이라면 교육비부터 줄여야 한다고 조언한다. 만약에 자녀가 대학에 진학하기 전인데 가정에 억대 빚이 있다면? 글의 서두에서 소개한 사례처럼 자녀에게도 빚의 위험이 전가될 수 있다. 자녀에게 무엇이든 해주고 싶은 부모 마음이겠지만 교육비를 줄이는 것 또한 불가피하다. 식비 역시 줄이려고 마음먹으면 줄일 수 있다. 대형마트에서 1+1 상품을 구입하거나 대량구매를 하는 것은 식비를 절약하는 방법이 아니라 소비만 늘리는 것이다. 대형마트만 가면 소비하고 싶은 유혹을 뿌리치기 어려운가. 그렇다면 대형마트로 가는 발길을 아예 끊어버리는 과감한 결단이 필요하다.

이렇게 해서 어렵게 현금 흐름을 마련했다면 그 돈을 어떻게 운용해야 할까. 여윳돈이 생겼다고 전부 빚을 갚는 데 써버리면 안 된다. 여윳돈의 70%는 빚을 갚는 데 쓰고 나머지 30%는 반드시 저축해야 한다. 빚을 진 마당에 저축은 무슨 저축이냐고 하는데 빚을 진 사람일수록 저축이 중요하다. 여유자금을 모두 빚 갚는 데 써버렸다고 가정해 보자. 고생해서 빚은 모두 갚았는데 수중에 남는 돈은 한 푼도 없다면 그 허탈감과 절망감 때문에 다시 일어서지 못할 수도 있다. 그러므로 일부라도 저축해서 앞날을 대비해야 한다. 특히 가족 중에 누가 아프거나 갑자기 큰돈이 필요할 수도 있지 않은가. 이럴 때 저축이 없으면 또 빚을 져야 한다.

이렇게 채무를 청산하는 과정은 결코 순탄치 않을 것이다. 하지만 지레 겁을 먹고 좌절하지 말라는 말도 함께하고 싶다. 만약 빚의 규모가 일 년치 연봉보다 적다면 치밀하게 계획을 세우고 적극적으로 계획을 실천해 나간다면 금방 해결할 수 있다. 여기에 만약 미혼이라면 부채 청산은 더욱 쉬워진다. 미혼은 지출 규모가 그리 크지 않고 지출을 줄이려고 하면 얼마든지 줄일 수 있기 때문이다. 뿐만 아니라 부채를 다 갚을 때까지 부모님의 집에 살거나 룸셰어로 주거비용도 줄일 수 있다. 빚이 있다고 해서 2030들이 너무 절망하지 않았으면 좋겠다.

마지막으로 채무조정제도를 적극 활용해 보자. 빚이 있는 사람들은 그 사실을 알리기 싫어하는데 병을 소문내라고 하듯이 빚도 소문내는 게 좋다. 개인회생 같은 공적조정제도와 개인 워크아웃, 국민행복기금 등의 이름으로 진행하는 각종 채무감면과 상환기간 연장 등의 사적조정제도가 있다. 이를 통해 빚을 조금이라도 줄이거나 상환 부담을 낮출 수 있다.

도저히 빚을 갚을 수 없을 때까지 안고 있다가 다시 빚을 내서 돌려막기 하는 식의 임기응변은 절대 금물이다. 그보다는 재무상태가 더 악화되기 전에 개인회생 등 채무조정제도를 일찌감치 활용하도록 하자.

24
CHAPTER

잘 쓰는 게 저축이다

국세청의 연말정산시스템으로 신용카드 사용 내역을 보던 E 씨는 깜짝 놀랐다. 지출을 줄인다고 열심히 줄였지만 작년보다 오히려 늘었기 때문이다. 그녀는 작년에 전세보증금을 5천만 원 올려 달라는 집주인 때문에 큰맘을 먹고 내 집 마련을 했다. 원금을 제하고도 이자로만 매달 50만 원씩 나갔다. 결코 적지 않은 금액의 지출이 늘어난 셈이니 짠순이가 되어서 줄일 수 있는 지출은 다 줄이겠다 마음먹었다.

"줄인다고 이를 악물고 줄였는데 지출이 더 늘었더라고요. 앞으로 더 줄여야겠다는 생각은 하는데…. 잘 될지 모르겠어요."

그러나 역시 새는 돈이 문제였다. 홈쇼핑 및 인터넷쇼핑으로 들어간 돈이 540만 원이다. 휴가비용으로 쓴 돈도 무시할 수 없었다. 여름 휴가를 위해서 다른 레저 유흥비를 줄였지만 아무리 저가항공이라고 해도 4인 가족이 비행기를 타고 이동하면서 220만 원이 들었다. 일 년 전보다 휴가비용으로 60만 원가량을 더 썼다. 이외에도 E 씨는 화장품을 사는 데 작년보다 10만 원을 더 지출했다. 반면에 가계 부채를 의식해서인지 남편의 취미였던 캠핑 비용, 아이들 학원 비용은 각각 20만 원쯤 줄였다.

"쓰는 건 쉬운데, 줄이는 게 쉽지가 않아요. 돈이 어디로 다 사라지는지 모르겠어요."

많은 사람이 E 씨처럼 자신의 돈이 어떻게 지출되고 있는지, 혹은 언제 어떻게 새어 나갔는지 모른다. 그러면서 잔고가 없다며 푸념을 한다. 그리고는 한 달의 생활을 다시 신용카드로 시작한다.

지금도 주거래 통장이나 급여 통장에서 나의 계획과는 괴리된, 의도치 않은 지출 패턴은 계속되고 있다. 통장에 급여가 들어오면 각종 카드대금, 공과금, 금융상품들에 지출되는 날짜가 언제인지, 왜 빠져 나가는지 잘 확인하지 않는다는 증거라 할 수 있다. 심한 경우에는 '이번 달 카드 값이 너무 많이 나왔네.' 하고는 그냥 넘어가 버린다. 이러한 생활이 일상화된다면 지출과 소비가 소득을 넘어서게 되는 결과를 낳게 될 수 있다. 또한 이러한 패턴이 반복되면 부채가 늘고 그 부채에 대한 부담은 당연히 개인의 소중한 신용도를 조금씩 갉아먹는다. 가랑비에 옷 젖는다고 작은 소비 습관 때문에 아주 어려운 상황에 직면할 수도 있다.

: 돈 새지 않는 튼튼한 마개 만들기 :

우선 새는 돈부터 막아보자. 돈과 휘발유 사이에는 공통점이 있다. 마개를 잘 막아 놓지 않으면 쓰기 위해 돌아봤을 때 어느 틈엔가 다 사라지고 없다는 점이다. 가끔, '돈에 발이 달렸나?' 싶을 때가 있을 것이다. 분명 여기 있었는데 사라진 돈, 통장을 스쳐가 버린 월급. 이 모든 것은 돈이 새기 때문이다. 새는 돈의 정체와 돈이 새는 이유, 얼마나 새는지를 알고 대비한다면 새는 것을 막을 수 있을 것이다.

맨 먼저, 왜 돈이 새는 걸까? 충동적인 구매, 사용하지 않는 신용카드의 연회비, 대출 금리, 지난달에 바꾼 스마트폰, 과도한 식생활비, 지나치게 비싼 보험료, 불쑥불쑥 발생하는 경조비 등. 나의 의지로 새는 돈도 있고 의지와 관계없이 새어 나가기도 했다.

이런 와중에 '돈을 모아야지!', '아껴야지.' 하고 다짐하거나 막연하고 실천하기 어려운 계획을 세우지는 않는가. 원인을 모르면서 문제를 해결하려 들면 오히려 더 힘들어질 뿐이다. 이러한 이유로 매달 얼마의 돈이 새고 있는지부터 점검하고 확인하자.

점검이 끝났으면 본격적으로 돈이 휘발되지 못하도록 튼튼한 마개를 만들자. 마개를 만들기 위해서 가장 먼저 실천해야 할 일이 있다. 바로 우리 가정의 소득과 지출에 맞는 목표와 계획 세우기다. 올바른 목표 및 계획만으로 새는 돈의 대부분을 막을 수 있다. 또한 무엇보다 중요한 것이 바로 지출관리다.

지출관리는 가정의 현금 흐름을 정확하게 파악함으로써 그 중요성을 인지하게 해주고 새는 돈의 관리를 한결 수월하게 해준다.

■ 매월 수입, 저축, 지출 파악하기

돈 관리에 있어 가장 어려운 부분이 지출 파악이다. 지출을 변동, 고정, 비정기 중 어느 항목으로 분류해야 되는지 모르는 경우가 많기 때문이다. 고정지출에는 통신비, 공과금, 유류비, 각종 회비 및 헌금, 기부금 등과 생활비가 포함된다. 생활비가 어떻게 고정지출이냐고 되묻는 이들도 있겠지만 이는 주식비와 생필품을 사는 데 드는 비용으로 반드시 정해져야 한다. 만약 생활비의 변동폭이 크다면 장보러 가기 전에 구매리스트를 작성하는 습관을 들여야 한다. 이러한 고정지출은 아끼려해도 한계가 있다. 즉, 고정지출은 통제할 수 없는 지출이라고 보면 된다.

변동지출에는 용돈과 외식비가 해당된다. 삼시세끼 주식비를 제외하고 여기저기 쓰는 모든 비용은 외식비와 용돈으로 분리해서 정해 놓고 써야 한다. 변동지출은 마음먹기에 따라서 충분히 아낄 수 있다.

비정기 지출은 매월은 아니지만 연간 발생하는 비용으로 자동차 보험료, 세금, 부모님 생신, 명절 비용 등이 해당된다. 이를 모두 더하고 12로 나누어 고정지출로 미리 계산해야 한다. 비정기 지출까지 빼놓고 남는 돈이 바로 우리가 저축할 수 있는 금액이다.

■ 통장 분리

통장은 총 네 개로 분리하는 것이 좋다. 제일 먼저 급여 통장을 마련한다. 이 통장은 이름 그대로 급여를 수령하고 관리비와 공과금 같은 고정지출이 빠져나가는 역할을 한다. 두 번째 통장은 소비 통장. 매달 쓰는 생활비, 즉 변동지출을 이 통장으로 관리한다. 세 번째로 저축·투자 통장으로 적금, 펀드, 변액보험 등의 금융 상품에 정해진 금액이 자동이체되도록 한다. 마지막으로 예비 통장을 마련하자. 이 통장에 생활비 지출액의 2~3배 되는 금액을 모아 놓고 예상하지 못한 지출이 생겼을 때를 대비하자.

통장을 네 개로 나누는 방법에 대해서는 뒤에서 더 상세하게 다루겠다.

■ 신용카드 없애기 & 결제일 변경

잘 사용하지 않는 신용카드를 과감히 없애자. 연회비와 같은 불필요한 지출을 막을 수 있다. 또 가족이 쓴 신용카드가 전월 1일부터 말일까지 사용한 내역을 정확히 판단하기 위해 결제일을 조정하는 과정이 필요하다.

■ 휴대전화 및 신용카드 불필요한 서비스 없애기

휴대전화 최초 가입 시에 설정되는 서비스들이 있다. 직원들이 한 달만 쓰고 없애도 된다고 하는 그 서비스들 말이다. 첫 달에는 무료이지만 알아서 해지해 주지 않는다. 잊지 말고 기억하고 있다가 자동결제되어 돈이 새나가지 않게 막아야 한다. 이밖에도 안심 서비스 같은 카드사의 불필요한 서비스, 상담원의 권유로 가입한 유료 서비스 등을 해지하자.

■ 자주 점검하기

외식비, 쇼핑비 등의 지출이 있을 때마다 기록하고 점검한다면 어디에 지출이 많았는지가 확인되고 어느 부분에서 줄여야 하는지가 분명해진다. 고전적인 방법이지만 가계부를 활용하는 것도 좋다. 새는 돈을 막을 수 있는 방법은 곰곰이 생각하면 의외로 많은 곳에서 찾을 수 있다. 그러나 계획되지 않은 상태에서의 지출 관리는 무의미하다. 휘발유처럼 날아가 버리지 않게 튼튼한 마개를 만들자.

25
CHAPTER

부동산 전성 시대, 진짜 가버렸나

전세난과 월세 부담에 시달리는 대한민국 서민들은 내 집 장만에 대해 고민하고 있다. 여기에 한국은행이 역대 최저금리, 1%대 기준금리를 만들었고 주택담보대출금리 역시 2%대가 됐다. 2014년에 주택 거래량도 상당히 늘었다고 한다. 정부와 일부 언론은 일제히 지금이 바로 내 집을 마련할 최상의 타이밍이라며 크게 떠들고 있다. 과연 그럴까? 지금 집을 사는 것이 최선일까?

결론부터 말하자면 필자는 집을 사는 것에 대해 회의적이다. 우선 주택 거래량이 늘었다는 현상을 자세히 들여다보자. 지금의 주택 거래량은 사상 최대의 주택담보대출로 인해서 그 수치가 늘어났다. 이것은 무엇을 말하는가. 빚을 내서 집을 사고 있다는 뜻이다.

따라서 최근의 부동산 거품은 가계부채를 기반으로 하고 있다. 가계부채가 사상 최대인데 거래가 늘고 있다. 남들이 사니까 나도 사야 한다는 생각은 매우 위험하다. 결정적으로 미국의 목표 금리 인상이 2015년 내에 이루어질 것이라는 전망이 나오고 있다. 이런 와중에 최저금리라는 것이 의미가 있을까. 이 최저금리가 지속된다 한들 얼마나 갈 수 있을까.

: 전세, 씨가 마른 이유 :

2008년 미국발 경제위기를 떠올려 보자. 가계부채, 특히 저신용자들의 부채가 굉장히 많이 늘어나면서 미국 경제가 휘청였다. 한국의 경우는 어떨까. 필자가 집을 사는 사람들의 소득 수준을 일일이 조사할 수는 없다. 그러나 객관적인 자료로 유추해 볼 수는 있다. 2007년부터 박근혜 정부가 들어오기 전까지 주택거래 건당 주택담보대출 증가액은 3~4배 가까이 늘었다. 이 말은 곧 경제적인 여력이 안 되는 사람들이 무리하게 빚을 내서 집을 사고 있음을 말한다. 대출받은 사람들은 보통 원금을 바로 갚지 않고 이자부터 갚아나간다. 지금은 금리가 상당히 낮은데 만약 금리가 다시 올라간다면? 많은 사람이 빚을 못 갚고 휘청이는 상황이 예상되고도 남는다.

또 한 가지의 변수는 미친 것처럼 치솟고 있는 전세난이다. 전세가 씨가 말랐다는 표현처럼 매물이 급격히 줄어들었다. 집주인들은 자꾸만 월세 전환을 감행하고 월세를 감당하기 버거운 서민들은 무리해서라도 금리가 워낙 싸니까 집을 장만할까 고민한다. 월세 비용과 전세 보증금을 올려주는 것보다 이자를 무는 것이 유리하다고 보는 것이다.

실제로 언론, 그중에서도 부동산 업계와 이해관계가 얽힌 언론들에서 이런 식의 보도를 하고 있다. 그런데 정말 그럴까? 집값이 싸져서 모든 사람들이 내 집 마련이 가능하기를 바란다. 그러나 이 나라의 정부는 인위적인 부양책을 써서 집값을 계속 떠받쳐 준다. 이제는 가계부채를 동원한 부양책까지 쓰고 있다. 상식적으로 집값이 떨어져야 될 것 같은데 생각만큼 떨어지지 않는다. 집주인들이 정부의 부양책에 기대서 버티고 있다. 하우스푸어 집주인들이 자꾸 전세를 월세로 돌리면서 전세 물량은 점점 줄어든다. 지금의 전세 품귀현상은 이런 이유로 나타난 것이다.

전세난이 심각해도 당분간은 전세에 머물러 있는 것이 낫다. 집값이 하락하면 보증금을 떼일지도 모른다고 걱정하는 사람들도 있다. 이럴 경우에는 '전세보증보험'을 활용하자. 예를 들어서 전세보증금이 3억 원인데 1억 원은 떼일 수도 있겠다는 생각이 들면 1억 원에 대해 전세보증보험을 들 수 있다. 보험을 들면 일 년에 10만 원 남짓한 비용이 든다. 안전하게 전세보증금을 보호하고 전세에 머물러 있어야 한다.

그러면 이후에 집값은 어떻게 되는가. 지금으로서는 늦어도

2, 3년 안에 집값이 다시 떨어질 것이라는 주장이 가장 설득력 있다. 그 근거는 미국의 움직임에 있다. 다들 알다시피 미국은 2008년에 경제위기를 불러왔고 전 세계 경기 흐름을 위기로 몰고 갔다. 그러다 위기에서 전반적으로 탈출해 가면서 미국은 지금 회복 기조에 들어섰다. 지금 국내에는 외국인 단기투자자금이 많이 들어와 있다. 경제회복을 위해서 미국에서 풀린 돈이 우리나라까지 들어온 것이다. 돈은 금리가 낮은 곳에서 높은 곳으로 이동한다. 미국이 금리를 올리면 한국에서 돈이 빠져나갈 가능성이 높다.

이렇게 말하면 중국과 EU, 일본 역시 돈을 풀고 있다고 반론하는 사람들도 있다. 그들 역시 미국 경제의 흐름을 모르지 않을 텐데 위기를 자초하고 있는 것일까? 그런데 중국과 EU, 일본과 우리 사이에는 넘을 수 없는 차이가 있다. 앞서 언급된 나라들은 경제대국이지만 우리는 그만한 수준이 못된다. 당장 중국, 일본과 우리나라의 외환보유고를 비교해 봐도 두 나라가 우리보다 훨씬 많다. 중국, 일본을 보면서 돈을 더 풀었다가는 미국 경제의 움직임에 따라서 외환위기가 닥칠지도 모른다.

지금은 지난 2006년도와 비교할 상황도 아니다. 그때는 주택담보대출을 크게 늘리지 않는 게 가능했다. 가격 상승폭이 그만큼 컸던 부동산 전성기였기 때문이다. 그런데 지금은 그렇게 부채를 잔뜩 끌어와서 빚내서 집 사라고 하는데도 집값이 안 올라간다. 집값이 하락했을 때에 빚을 못 갚겠다고 선언하는 사람들이 늘어나면? 금리가 오르거나 해서 대출을 감당하지 못하는 사람들이 집을 급매물로 내놓고 집값이 떨어지면 이들은 하우스푸어로 전락한다. 이런 여러 가지 이유 때문에 지금 집을 사는 것은 위험하다.

: 집값 좀 내려도 괜찮지 않나요? :

우리나라 사람들에게 '내 집 장만'은 특별한 의미가 있다. 3040 중에도 '내 집 마련'을 열심히 경제활동을 해서 이루어야 할 과제나 성취로 인식하는 사람들이 있다.

"평생 살 집인데 집값 좀 내려가도 괜찮지 않나요?"

집을 사는 문제를 이야기하다 보면 꼭 이렇게 물어보는 사람들이 있다.

집값이 떨어지는데 소중한 나의 집, 가족들이 살 집이니까 상관없다? 과연 그렇게 초연할 수 있을까? 3억이던 집값이 1억이 떨어져 2억이 되어도 정말 괜찮을까.

2010년도 뉴스가 생각난다. 광역시마다 명품 아파트가 들어서고 분양율이 너무 치열하던 상황에서 막상 입주가 시작된 이후 미분양이 넘쳐나는 사태가 벌어졌다. 그래서 미리 분양을 받고 들어간 입주자들은 실매매가보다 1억 원 이상을 더 주고 산 게 되었다.

이렇게 아파트 가격을 후려칠 수밖에 없었던 것은 건설사로서는 미분양이 너무나도 큰 타격이기 때문이다. 현금 회전이 안 되면 건설사는 부도로 이어진다. 그러니 아파트 가격을 내려서라도 현금 회전을 시켜야 했다. 심지어 물량을 해소하기 위해 옵션을 내놓았다. 아파트를 한 채 사면 BMW 자동차를 한 대 준다는 건설사도 있었다. 믿기 힘들겠지만, 사실이다. 그러자 치열한 분양 경쟁을 뚫고 들어갔던, 평생 살 생각으로 무리하게 대출까지 해가며 집을 샀던 초기 입주자들은 시위를 했다. "우리도 그만한 옵션을 달라", "억울하다"라고 외치던 그들의 모습이 뉴스에 대대적으로 보도되었다.

꼭 이 사건이 아니라도 건설사들이 가장 골치 아파하는 문제가 집값이 떨어진다며 시위하는 입주자들의 거센 반발이다. 그만큼 우리나라 사람들은 집값에 민감하다. 그 이유는 집을 사기 위해서 포기한 기회비용이 엄청나기 때문이다. 집값이 조금이라도 떨어지면 그 집을 사기 위해서 아득바득 일하고 그 돈을 고스란히 대출금 갚는 데 쓰는 자신의 처지부터 떠오른다.

다른 데에 비유해 보자. 필자가 만약 삼성전자 주식을 매수하려고 한다. 현재 자금은 1억 원 있다. 그런데 3억 원을 투자하고 싶다. 그래서 주식담보대출로 2억 원을 채웠다. 총 3억 원으로 삼성전자를 매수한다. 이것은 건전한 투자일까? 아니면 투기일까?

이번에는 아파트를 사려고 한다. 필자가 가진 돈은 1억 원이 전부다. 대출을 2억 원 받고 3억 원의 아파트를 매입한다. 이것은 건전한 투자일까? 아니면 투기일까? 삼성전자 주식을 사는 것과 아파트를 사는 것 중에 어떤 것이 건전한 투자일까?

이 이슈는 우리나라의 경제 환경상, 언제 어떻게 화두에 올라도 논쟁이 끊이지 않는 뜨거운 감자다. 일부 사람들은 말한다. '내 집'은 삼성전자 주식과 비교할 수 없다고. 물론 집을 소유하고 있을 때 안정감을 누리고 생활의 질이 올라가는 것은 사실이다. 하지만 내 집에서 안정된 삶을 사는 대가로 원금과 이자라는 부담을 진다는 측면을 고려해 보자. 무리해서 집을 사면 집이 없어서 불안한 대신에 빚을 졌다는 부담감에 시달리는 게 사실이다. 부담은 어떻게 포장해도 부담이다. 순수하게 돈이 들어간다는 측면에서 보면 그렇다. 내 집이라는 안정감은 그냥 심리적인 것이다. 뿐만 아니라 안정감 때문에 집을 사는 사람들도 집값이 오를 것이라는 기대심리를 어느 정도는 갖고 있다.

두 가지 상황을 비교해 보자.

- 내가 투자할 대상이 현재 시장에서 비전이 있는가? 즉, 현재 가격에 거품이 있는가, 아니면 저렴한가.

- 내가 투자하려는 대상을 소유하려면 내 자산의 몇 %가 필요한가? 즉, 총알을 얼마나 준비해야 하나.

내가 가진 자산은 1억 원이라 가정하자. 투자할 부동산의 매매가가 3억 원이다. 2억 원을 대출해야 하는 상황이 벌어진다. 주식에서도 주식담보대출이라는 것이 있는데 이 경우와 전혀 다르지 않다. 기초자산 가격이 움직임에 따라 나의 수익이 움직인다. 1억 원을 투자한 내 집이 3년 후 33%가 올랐다면 아파트 가격의 33%

인 9,900만 원이 올랐다. 하지만 내가 투자한 1억 원에 대비해서 생각하면 두 배가 오른 셈이다. 대박이라고 기뻐할 만하지 않은가.

그런데 반대의 입장도 생각해 보자. 집값이 33% 떨어지면 나는 하우스푸어가 된다. 이렇게 도박하듯 대출을 받아 주택을 매매하는 것이 과연 건전한 투자라고 할 수 있을까?

: 소비의 끝판왕, 집 :

우리나라에서 부동산 불패신화가 계속될 수 있었던 것은 주택 매매에 투기 성격이 강했기 때문이다. 7, 80년대만 해도 실거주 목적으로 집을 살 때 부동산 가격의 오르고 내리는 것에 크게 신경을 쓰지 않았다. 그런데 재개발되고 보상받고 이사가고 다시 재개발되는 것을 반복하면서 부동산 투기 바람이 일었다. 투자를 이성적으로 판단하지 못하고 소문과 감성에 의존하게 된다. 서민들에게 담보대출이라는 레버리지는 건전한 것처럼 소개되고 활용되지만 조금만 들여다보면 그 반대라는 것을 알 수 있다.

"전세가 너무 비싼데 차라리 집 사는 게 낫지 않아요?"

이렇게 말하는 사람들도 많다. 그런데 이 말이 설득력을 얻으려면 앞으로 부동산 시장이 전망이 좋다는 전제 조건이 따라야 한다. 이 논리를 내세우는 사람들은 보통 이렇게 주장한다.

"똑같이 1억을 두고 생각해 보자고요. 대출이자와 전세자금 대출이자가 1%만 차이가 나도 100만 원이잖아요. 주택담보대출로 집을 사면 1년간 100만 원을 아낄 수 있잖아요."

1년 동안 이자 100만 원, 어쩌면 그보다 더 큰 금액이 차이 날 수 있다. 하지만 내가 살 아파트의 매매 호가 단위는 500만 원에서 1,000만 원 단위로 왔다갔다 한다. 호가가 두 번 내려가도 1,000만 원에서 2,000만 원을 오고 간다. 이자 차이와 집값 중 어떤 리스크가 더 큰가?

투자의 세계에서 리스크는 변동성을 갖는다. 내 돈의 움직임이 내가 감당할 수 있는 변동폭을 넘어갈 위기라면 대비책이 필요하다. 이자 차이를 대비책으로 생각하면 그리 아까워할 것도 없다. 물론 집값이 오를 가능성도 있다. 하지만 지금으로서는 떨어진다는 전망이 더욱 설득력이 있다.

전세와 매매는 대해서도 리스크의 변동성을 생각해야 한다. 집을 사기에는 리스크가 너무 크기 때문에 그 리스크를 감당하면 위험해진다. 어느 정도 비용을 지불하며 위기를 넘긴다고 생각하자. 주객이 전도된 논리는 더 이상 들먹이지 말자.

마지막으로 부동산은 이래도 저래도 지금 가격을 유지하기에는 너무 부담스러운 가격이 되었다. 유럽의 복지선진국 모델을 보면 네덜란드의 경우, 주택의 90% 내외가 정부 소유다. 국민들 대다수가 렌트(월세)로 살고 있고 렌탈료가 오르는 부담은 없다. 다른 복지국가들도 부동산 버블에 대한 경험이 있기 때문에 정책적으로 보완하고 있다.

또한 집값을 이야기할 때 임금 상승도 함께 다루어져야 한다. 지금과 같은 불황에서는 소득 수준을 높여서 내수 경기를 활성화하는 게 먼저다. 소득은 정체되어 있는데 소비의 끝판왕인 집을 사라고 부추기는 게 과연 바람직한 정책일까. 이자를 내는 게 부담 없어야 대출받을 의지가 생길 것이 아닌가? 대기업을 위해서 규제를 풀어주는 데 적극적인 정부가 서민에게는 너무나 가혹하다.

: 달라지는 부동산 제도 :

해마다 부동산에 관련된 제도도 개편된다. 제도의 변화를 주시하고 있어야 시장의 흐름도 알 수 있다. 달라지는 최신 부동산 제도를 소개하겠다.

■ 주택 중개수수료가 절반으로!

비싼 중개수수료가 불만이었던 사람들에게 희소식이다. 85제곱미터 이하의 오피스텔의 경우, 매매 수수료는 0.5%, 전월세의 경우에는 0.4%의 수수료를 적용한다. 그뿐만 아니라 6억~9억 원의 주택을 사고 팔거나 전월세 비용이 3억~6억 원인 집을 임차할 때도 중개수수료가 절반 수준으로 줄어들 예정이다.

－6～9억 원 미만 주택 매매 거래 : **수수료 현행 0.9% → 0.5% 이하**

　－6～6억 원 미만 주택 전월세 거래 : **수수료 현행 0.8% → 0.4% 이하**

■ 버팀목 전세대출 출시

기존에 근로자, 서민, 저소득가구 전세대출 제도가 폐지되고 버팀목 전세대출 제도가 시행된다. 보증금 규모에 따라서 금리 책정이 다르다. 소득이 낮을수록, 보증금이 낮을수록 금리도 싸다. 부부합산 연소득이 2천만 원 이하인 가정에 보증금이 5천만 원 이하라면 2.7%의 금리로 이용할 수 있고 합산 연소득이 4천만 원 초과~5천만 원 이하에 보증금 1억 원 이상이면 3.3%의 금리를 적용받을 수 있다. 기초생활대상 수급자, 차상위계층, 한부모가정은 금리를 우대받을 수 있다.

■ 주택청약제도 완화

청약통장 순위제도가 간소화된다. 1, 2순위를 1순위로 통합하고 수도권의 1순위 가입 기간을 2년에서 1년으로 줄였다. 납입 회차도 24회에서 12회로 줄었다. 국민주택의 입주자 선정도 간편해진다. 3단계였던 것이 2단계로 줄어든다. 이밖에 다주택 보유자에 대한 청약 감점제도가 폐지되고 무주택자로 간주하는 기준이 되는, 작은 평수의 저가 주택에 대한 기준도 완화된다.

▪ 저리 월세대출 운영 시작

취업준비생, 근로장려금 수급자, 희망키움 통장 가입자들을 대상으로 저리 월세대출을 지원한다. 대출을 받을 수 있는 주택은 보증금 1억 원 이하, 월세액 60만 원 이하의 전용 면적 85제곱미터다. 고시원과 불법 건물은 대상에서 제외된다. 금리 연 2%를 적용받고 매월 30만 원 한도에서 대출받을 수 있다. 3년 뒤 일시 상환하는 조건이며 6년까지 연장할 수 있다.

26
CHAPTER

한 치 앞도 못 보는 당신

F 씨는 지난달 하나뿐인 여동생의 결혼식을 앞두고 아내와 크게 다퉜다. 여동생의 결혼식에 낼 축의금 때문이었다. 그의 여동생은 어릴 때부터 오빠를 무척 따랐다. 빚을 내서라도 여동생의 인생 새 출발을 크게 축하해 주고 싶었다. 그런데 아내가 극구 반대하고 나섰다.

"아무리 동생 결혼식이지만 형편에 맞춰서 해야죠. 지난달에도 아버님 병원비 내드리느라 70만 원 그냥 나간 거 몰라요? 그때도 아가씨는 결혼 준비하느라 빠듯하다고 빠졌잖아요."

"지난달에 성과급 나온 거 있잖아."

"그 돈이 지금 남아 있는 줄 알아요? 적자 메꾸는 데도 모자르다고. 나도 친정에 챙겨주고 싶은 거 있는데 하나도 못 챙기고 있어. 당신이 그 사정을 다 알아요?"

F 씨는 인터넷 기사에서 봤던 워킹푸어라는 말을 떠올렸다. 열심히 벌고 있는데 돈은 다 어디로 가는 걸까? 일해도 가난한 자신이 바로 워킹푸어인 것 같아 절로 한숨이 나왔다.

"당신 마음대로 하기만 해. 이번엔 가만 안 있을 거예요."

아내의 무서운 눈길을 피해서 그는 담배를 들고 집을 나섰다.

"그 담배도 좀 끊어요! 담뱃값이 얼만데 몸에도 해로운 걸…."

"알았어! 좀 그만해."

결국 가정의 평화를 위해서 F 씨가 백기를 들었다. 적금을 깨버릴까 생각했지만 그랬다가는 여동생 결혼 축하하느라 F 씨 본인의 결혼이 깨질 판이었다. 축의금으로 50만 원과 아내 몰래 모아두었던 10만 원권 상품권 석 장을 주기로 했다. 못해도 축의금 백만 원은 쏘고 싶었는데 오빠로서 체면이 서지 않는 것 같아서 마음이 영 찜찜했다. 그는 분명 몇 달 전부터 여동생 결혼식에 대비하고 있었다. 그런데 왜 이렇게 돈들 일이 많은 걸까. 갑자기 아버지가 다리를 다쳐 병원에 입원하시고 자가용 타이어를 갈고 축의금도 한 달에 두세 번씩 내니까 남은 돈이 없다.

사례 속 F 씨에게 가장 필요한 것은 무엇일까? 아내 몰래 피우는 담배 한 모금? 호프집에서 같이 아내 험담을 할 수 있는 친구? 그에게 필요한 것은 바로 여윳돈이다. 재테크에서 여윳돈의 활용은 매우 중요하다.

있는 돈도 쓰기 바쁜데 여윳돈을 어떻게 만드느냐고 하겠지만 돈은 갑자기 빠져나가듯 갑자기 들어오기도 한다. 이렇듯 여윳돈이 갑자기 생겼을 때 그 활용법에 대해 알아보자. 여윳돈을 잘 모아서 한 치 앞을 모르는 우리 인생의 대소사를 준비하자.

: 저수지 통장으로 여윳돈 관리를 :

돈이 정말 필요한 순간에 돈이 없어 쩔쩔 매지 않으려면 저수지 통장이 필요하다. 농사를 중요시했던 우리 조상들은 가뭄을 대비해 저수지를 만들고 항상 저수지가 가득 차 있도록 물을 관리해왔다. 돈도 마찬가지다. 저수지에 물 대듯 저수지 통장에 돈이 고이도록 해보자.

매월 받는 직장인들의 급여는 일정하더라도 명절, 가족의 생일, 경조사 등 지출의 흐름은 매우 유동적이다. 이럴 때마다 빚을 지거나, 신용카드를 과도하게 사용한다면, 가정경제 자체를 유지하기가 힘들어진다. 따라서 CMA통장(종합자산관리계좌)을 개설하여 '저수지 통장'을 만들자. 저수지 통장을 활용하면 예치해 있는 동안은 이자도 쌓이고 지출의 흐름이 어려울 경우 필요한 만큼만 찾아 쓸 수 있다. 또 여유가 있을 때 채우는 습관까지 들이면 일정한 지출과 저축의 흐름을 무너뜨리지 않고 현명하게 잘 유지해 나갈 수 있을 것이다.

가장 중요한 것은 목돈이 생겼을 때 대처하는 방법이다. 인생은 한 치 앞도 알 수 없다고 하지만 그래도 당장 다음 달에 어떤 행사가 있는지 안다. 또한 가족의 결혼식, 전세 만기일, 자녀를 출산하는 시기를 알 수 있다. 예를 들어 3년 뒤에 2세를 계획 중이고 매년 100만 원의 연말 보너스를 받는다고 가정한다면? CMA통장에 전액을 입금한 뒤에 매월 10만 원씩 3년 뒤 자녀 출산을 대비한 펀드나 적금을 가입해 놓을 수 있다.

목돈으로 묶어둬야 할 경우 정기예금밖에 생각이 나지 않는다면 채권이나 원금보장 ELS를 활용하는 방법도 있다. 투자 상품 중 조금은 안전성을 추구하면서 일반 정기예금 금리보다 2~4% 포인트 높은 금리를 받을 수 있다.

: 비자금은 검은 돈? :

"너 다른 건 몰라도 비자금은 꼭 필요하다."

"부부 사이에 비밀은 없다고 하지? 비자금은 예외야."

결혼을 앞둔 예비 신랑과 신부에게 먼저 결혼한 선배들이 충고한다. 비자금은 만들어두라고.

결혼해서 수입을 합쳐본 사람들이라면 모두 공감할 것이다. 비자금 없이 살자니 불안하고 막상 비자금을 만들자니 배우자를 속이는 것 같아 편치 않다. 비자금은 과연 필요한 걸까? 필요하다면 어떻게 써야 하는 걸까.

TV 등의 언론매체를 통해 우리가 봐온 '비자금'은 '검은 돈', '부정한 돈'으로 부정적인 이미지가 강하다. 정치인이나 기업인들이 저지른 비리의 온상이 바로 비자금으로 직결된다는 것을 인지하고 있기 때문이다. 우리들 또한 비자금을 만드는 것 자체가 상대 배우자를 속이는 일이고 스스로도 비밀리에 모르게 해야 한다는 생각을 갖게끔 한다.

그런데 우리의 비자금은 정치인이나 기업인들의 그것처럼 막대한 규모가 아니다. 그래서도 안 되지만 그럴 수도 없기 때문이다. 그래서 가정경제에서의 비자금은 비밀스럽게 배우자 몰래 가지고 있는 약간의 여윳돈으로 정의할 수 있다. 다만 그 비자금의 규모가 커지면 커질수록 부부 사이에 금가는 소리가 들릴 수 있어 문제가 되는 것이다. 반대로 적당한 규모의 비자금을 현명하게 운용한다면? 오히려 돌발적인 상황이 발생했을 경우 좋은 대비책이 될 수 있다.

그렇다면 이 비자금은 부부가 서로에게 공개를 해야 될까, 아니면 모르게 비밀리에 관리하는 것이 좋을까? 당연히 서로에게 공개하거나 공동으로 관리하는 것이 좋은 방법이라고 할 수 있다. 음성적으로 서로가 비밀을 만들기보다는 양성화시켜서 합리적인 틀에서 관리되는 것이 바람직하지 않은가.

재무설계적인 측면에서 봤을 때 '비자금'은 비상 예비자금에 속한다. 이 비상 예비자금이 있으면 가계의 돌발적인 상황에 대비할 수 있다. 일반적으로 가정의 월 생활비의 3배 혹은 6배까지 준비해 놓는다면 배우자의 실직, 가족 구성원의 긴급 의료비, 깜짝 선물 등을 준비하는 데 매우 유용하게 쓰일 것이다. 그런데 비밀리에 비자금을 만들고 숨기고 있다가 들통이 나면 문제가 생긴다. 관계가 서먹해지거나 신뢰에 금이 갈 수도 있다. 따라서 비자금을 몰래 만들어 혼자 쓰지 말고 어느 정도 자금이 필요한지를 같이 계획하고 준비하는 과정과 관리하는 과정을 투명하게 해야 한다. 정말 꼭 써야 할 곳, 가치 있는 곳에 쓴다면 비상금은 가정경제에 득이 될 것이다.

목돈, 6개월이면 충분하다

직장생활 4년차에 접어든 30세 G 씨는 전체 수입에서 저축이 차지하는 비율이 채 5%도 되지 않았다.

"창피하지만 솔직하게 말하면 목돈을 모아본 적이 없어요."

그녀는 목돈을 빨리 모으는 방법을 알고 싶다고 했다. G 씨가 목돈을 모아야겠다 결심한 데는 결혼이 결정적이었다. 한국 나이로 정확히 30세가 되면서 결혼과 앞날에 대한 고민을 시작한 것이다.

"월세로 살던 오피스텔도 다 정리했고요. 다시 부모님 집으로 들어갔어요. 주거비용을 아끼려고요. 이제 저축하는 방법만 알면 될 것 같은데 어떻게 해야 할지 감이 안 와서요. 혹시 너무 늦은 건 아니죠?"

아니나 다를까. G 씨는 자신의 급여가 어디에, 어떻게 쓰이고 다 쓰고 나면 얼마가 남는지 제대로 알지 못했다. 그래서 필자는 한 가지 비유를 들어 설명했다.

"기업의 CEO가 매출과 비용, 이익을 파악하지 못한다면 그 회사는 어떻게 될까요. 쉽게 말해서 얼마의 돈을 벌어서 얼마를 지출하고 최종적으로 얼마를 남겼는지 모르다면요? 그 기업은 반드시 망합니다."

가정경제라고 해서 다르지 않다. 기업에 비해서 규모가 작을 뿐이지 기본 원리는 기업 경영과 똑같다.

현명한 지출 통제가 윤택한 삶의 첫걸음이다. 가장 기본적인 '통장쪼개기'부터 되어 있지 않으면 제아무리 기발한 투자도 모두 무용지물이다. 통장쪼개기를 하려면 우선 새는 돈의 정체와 이유, 규모 등을 잘 알고 과감한 구조조정에 들어가야 한다. 새는 돈 막는 법은 앞서 소개했으니 다시 한 번 참고하길 바란다.

: 통장, 어떻게 쪼개나? :

■ 1번 통장 - 급여 통장(급여수령 · 고정지출 관리)

이 통장의 목적은 대출원리금, 아파트 관리비, 각종 공과금, 자녀 학원비, 보장성 보험료(저축성 보험료 포함) 등의 고정지출의 자동 납부에 있다. 적금, 펀드, 변액, 청약 등의 원천 자금이 되기도 한다. 결제일은 급여일이 25일이라면 그 직후부터 월말(특정일) 사이로 지정하는 것이 좋다. 각종 고정지출의 자동납부와 같은 날짜에 일정한 금액의 돈이 소비 통장과 저축·투자 통장으로 자동이체되도록 설정한다. 이후에 이 통장에 남아 있는 돈이 바로 그 달에 만들어낸 여유자금이다. 이를 모두 저수지 통장으로 이체한다. 급여 통장의 잔액은 0원이 되는 것이 바람직하다.

■ 2번 통장 - 소비 통장(변동지출 관리)

매월 드는 생활비용을 관리하기 위한 통장이다. 식비, 교통비, 여가비 등을 지출할 때 이 통장을 사용한다. 변동지출 관리를 위해서는 매월 일정한 금액 내에서 소비하는 습관을 기르는 것이 중요한 포인트다. 고정지출을 포함한 전체적인 지출 수준을 큰 변동 없이 일정하게 유지하라. 그래야 투자계획을 수립하고 실행하는 데 도움이 된다. 매월 변동지출에 필요한 돈이 얼마인지 결정해서 매월 일정한 금액이 소비 통장으로 자동이체 되도록 하자. CMS 자동이체 기능을 활용하면 편리하다.

지출을 할 때는 가능한 한 신용카드보다 소비 통장에 연결된 체크카드를 사용하거나 현금을 인출하여 사용하기를 권장한다. 다음 달 급여 통장에서 다시 생활비가 들어오는 날까지 돈이 남아 있으면 잔액은 전부 예비 통장으로 이체하여 예비자금으로 관리하자. 만약에 돈이 부족하여 예비자금을 사용하는 일이 잦으면 자동이체 금액을 늘려라. 허리띠를 너무 졸라매는 지나친 절약은 금물이다.

■ 3번 통장 - 저축·투자 통장(투자 관리)

적금, 펀드, 변액보험 등 금융상품에 자동이체하기 위한 목적으로만 사용하는 통장이다. 매월 고정적으로 정해진 저축과 투자이기 때문에, 급여통장에서 3번 통장으로 정해진 금액을 자동이체되도록 해놓는 것이 좋다. 이 3번 통장에서 빠져 나가는 모든 금융상품의 자동납부 날짜를 될 수 있는 한 같은 날로 지정하여 관리를 쉽게 하자. 보험이 실효되지 않도록 체크하거나, 청약저축이나, 펀드가 일정하게 지속적으로 불입 되고 있는지 체크 하는 일은 굳이 ATM기기를 찾아갈 필요 없이 스마트폰 어플리케이션으로 쉽게 점검할 수 있다.

■ 4번 통장 - 예비 통장(예비자금 관리)

앞서 소개했던 일명 저수지 통장이다. 가구당 월 평균 생활비 지출액의 2~3배 정도의 여유자금이 항상 예비 통장에 보관되어 있어야 한다. 입출금이 자유로운 CMA통장을 활용하자. 소비 통장의 잔액이 부족한 경우, 예상치 못한 일이 발생해 큰돈이 나가야 하는 경우, 재산세, 자동차 보험료, 휴가비, 명절비 등 계절성 지출 시 이 통장을 활용한다. 예비자금이 부족할 경우에는 연간 비정기 소득을 통해서 채워 넣도록 한다. 성과급이나 연말정산, 부업 같은 추가 수입 등이 여기 속한다.

■ 가구 형태에 따라서

미혼의 경우는 네 가지 통장을 만들어 위와 똑같은 시스템을 구축한 뒤에 돈을 관리하면 된다. 외벌이 가정은 급여 통장, 투자 통장, 예비 통장은 수입이 있는 배우자의 명의로 계설해서 관리하고 수입이 없는 배우자는 전용 소비 통장을 만들어 관리하자. 맞벌이 가정의 경우 부부가 각자 네 개의 통장을 별도로 만들어 관리하자. 급여 통장 이외의 다른 통장은 한 사람의 것으로 모아서 공동으로 관리해도 좋다.

■ 돈 관리에 소요되는 시간

복잡하게 보이지만 통장을 세팅하고 나면 거의 다 한 것이나 다름 없다. 시스템을 만들기까지가 어렵지 한 번 구축된 시스템에 적응하고 나면 관리 시간은 잠깐이다. 매달 돈 관리를 하는 데 드는 시간을 따로 정리해 봤다.

- 급여일 전날, 급여 통장의 최종 잔액을 확인하고, 이번 달 급여가 들어오기 전에, 잔액 모두를 저수지 통장으로 이체하기 위한 시간 5분.
- 다음 달 급여일 전날, 소비통장에서 쓰고 남은 최종 잔액을 확인하고, 저수지 통장으로 이체하기 위한 시간 5분.
- 지출내역과 투자내역을 확인할 필요가 있을 시, 통장별로 거래내역이 질서 정연하게 정리되어 있으므로 편리하게 조회가 가능하다. 소요 시간은 길어야 15분.

• 금융회사별로 스마트폰 어플리케이션을 무료로 가입할 수 있다. 대중교통을 이용하는 시간이나 누군가를 기다리며 흘려보내는 시간에도 조회, 이체, 현황 파악이 가능하다.

: 적금아, 목돈을 부탁해 :

목돈이 없으면 재테크나 투자는 거의 불가능하다. 게다가 금리는 왜 이다지도 낮은지. 지금 당장은 재테크가 그림의 떡이라고 할지라도 포기하지 말자. 왜냐하면 경제적 여유가 없다고 해서 처음부터 재테크를 포기했다가는 먼 미래에 목돈을 만져보기란 결코 쉽지 않기 때문이다. 이럴 때는 단기 적금 상품을 활용해서 목돈을 만드는 것이 가장 효율적인 방법이다.

목돈을 모을 때는 액수가 많든 적든, 돈이 모이는 것이 눈에 보여야 한다. 통장에 찍히는 액수가 우리의 고달픈 삶을 위로해 줄 것이다. 이때 아무리 급한 상황이 닥쳐도 절대로 이 돈에 손을 대서는 안 된다. 그래서 단기간에 목돈을 모을 때 주식이나 펀드보다는 안전한 적금상품이 효과적이다.

목돈 모으는 적금 상품은 최소 6개월에서 최장 1년 정도의 단기 상품이 적합하다. 많은 돈을 모으겠다는 욕심에서 장기 적금을 가입할 경우, 다양한 변수로 인해 중간에 해지할 확률이 높다. 특히 처음 목돈을 모아보는 사회 초년생의 경우 중간에 포기하는 경험부터 하면 재테크 자체를 포기할 우려도 크다. 짧은 기간에 목표한 금액을 모으는데 성공해야 그 성취감으로 인해 더 큰 목표를 세울 수 있다.

더욱 빠른 시간 안에 목돈을 모으고 싶다면 하나의 상품에 대한 액수를 높이는 것보다 작은 액수의 적금을 여러 개 가입하는 것이 좋다. 급전이 필요해서 적금을 해지하더라도 상대적으로 손해가 적기 때문이다. 이때 금리가 조금이라도 높게 적용되는 상품을 택해야 한다. 또한 직장인의 경우, 세금우대 상품을 선택하는 게 유리하다. 일반 상품의 금리가 상대적으로 높은 것 같지만 만기일이 돌아왔을 때 세금을 제외하면 실금리가 크게 낮아질 수 있기 때문이다.

28
CHAPTER

12년 후를 내다보는 법

H 씨는 중견기업에 다니는 40대 초반 직장인이다. 세 살 아래 아내는 보습학원을 운영하고 이들 사이에는 올해 중학교에 입학한 아들이 하나 있다. H 씨 부부의 합산 소득은 연 9천만 원이다. 이 가정은 이른바 반전세 형태로 보증금 2억 5천만 원, 월세 60만 원인 집에 살고 있다. 보증금 1억 원을 받고 전세를 준 오피스텔 한 채도 있다. 보습학원에도 보증금 1억 원을 투자하고 있다. 맞벌이를 하기 때문에 아들은 H 씨의 어머니에게 맡긴다. 매달 어머니에게 용돈을 드리고 생활비, 경조비, 여행비, 각종 보험료 등을 지출한다. 저축은 월 백만 원 정도하고 있다.

"지금 저희가 제일 중요하게 생각하는 목표는 아들 교육비입니다. 아무래도 아내가 학원을 운영하다 보니까 교육에 관심이 많거든요."

여기서 H 씨가 말하는 자녀 교육비는 대표적인 중기자금에 속한다. 열네 살인 아들은 5년 후면 대학에 입학한다. 적어도 5천만 원의 자금이 필요하다.

투자할 만한 자금을 모았다면 반드시 안전한 상품에 가입해야 한다. 사람들은 종잣돈이 모이기도 전에 주변의 말부터 듣는다. 경솔하게 투자했다가 실패하는 경우가 허다하다. 미혼 때부터 시작해서 열심히 모았던 목돈을 40대에 날려버리면 걷잡을 수가 없다. 투자 실패로 끝나는 게 아니라 인생 실패로도 이어질 수 있기 때문이다.

"지금이 굉장히 중요한 시기라는 생각이 들어요. 실패 없이 교육자금을 제대로 모을 수 있는 방법 없을까요?"

H 씨의 표정과 말투에서 간절함이 느껴졌다.

: 안정성이냐, 수익성이냐 :

중기 목적자금을 준비할 때는 원금손실이 발생할 수는 있지만 높은 수익을 기대할 수 있는 주식형 직간접 상품에 가입하는 경우가 많다. 단기적으로 주가가 하락할 수는 있지만 3년 이상 투자할 경우, 주식시장이 상승할 것이라는 일반적인 기대가 있어서다. 하지만 반드시 그런 것은 아니다. 정직하게 사실을 이야기하면 그럴 수도 있고 아닐 수도 있다.

목적자금이라는 것은 정확한 시기에 정확한 금액을 필요로 한다. 주식시장에서 높은 수익을 올려서 목적자금 이상을 준비할 수도 있다. 하지만 언제나 예외는 존재하기 마련이다. 2008년도에 있었던 악몽 같은 서브프라임 모기지(비우량 주택담보대출) 사태를 떠올려보라. 이와 같은 상황이 또 일어나서 곤욕을 치르지 말라는 법은 없다. 따라서 중기 목적자금은 기대수익은 낮더라도 투자기간에 따른 정확한 금액을 예측할 수 있는 예적금 상품을 활용하는 것이 좋다.

그래도 투자상품에 가입하고 싶다면 수익성보다는 안정성을 우선해서 상품을 선택하는 것이 좋다. 사실 부자들은 투자를 할 때 수익성보다 안정성을 더 중요하게 생각한다. 가난한 사람들은 안정성보다는 수익성을 더 중요하게 생각한다. 오히려 반대가 아닐까 싶지만 그렇지 않다. 부자들은 수익성에 목매지 않는다. 투자하는 금액의 규모가 커서 단 1%의 수익만 나도 큰 소득이 발생하기 때문이다. 수익성은 투자한 돈이 적은 사람들이 더 많이 갈구한다. 1, 2% 수익으로는 고수익을 기대할 수 없기 때문이다. 그래서 무리해서 투자하고 욕심을 부리다가 원래 갖고 있던 원금마저 잃는 화를 입는 것이다.

쉬운 예로 우리의 소중한 목돈 1억 원을 투자했다고 하자. 50% 손실이 발생되면 원금이 5천만 원으로 줄어든다. 도대체 5천만 원이 다시 1억 원이 되기 위해서는 몇 %의 수익률이 필요한가?

50%의 두 배인 100%의 수익률이 필요하다. 우리는 투자상품에 투자할 때 수익성만을 생각하고 원금손실의 가능성은 거의 따지지 않는다. 그러다가 아이들의 대학 입학을 앞두고 모아둔 돈이 반토막이 난다면? 생각만 해도 끔찍한 일이 아닐 수 없다.

따라서 목적과 비용, 써야 할 시기가 확실한 목적자금일수록 예측이 가능한 금융상품으로 준비해야 한다. 반드시 기억하라, 수익성보다 중요한 것은 안정성이다. 그리고 수익률에 집중하기보다는 목돈을 먼저 모으는 것이 우선순위다. 불확실한 10% 기대수익이 아닌, 확실한 1%의 수익을 좇아가는 것이 성공 투자의 첫걸음이다.

: 든든한 지원군, 적립식 펀드 :

투자 경험이 없던 사람들도 무난히 활용할 수 있는 투자방법으로는 적립식 펀드가 있다. 적립식 펀드의 장점은 확실하다. 소액 월납 방식이라 금전적 부담도 없고 장기 투자 시 은행 예적금보다 더 큰 수익률을 얻을 수 있다. 하지만 대부분의 사람들은 정확한 정보나 분석 없이 유명한 펀드나 지인이 추천하는 펀드를 선택하는 경우가 많다. 이는 펀드를 선택할 줄 아는 안목과 기준이 없기 때문이다.

적립식 펀드에도 단점은 있다. 원금 손실 위험은 가장 두렵고도 확실한 단점이다. 그래서 처음 적립식 펀드에 도전할 때 단기 수익을 기대했다가 원금 손실을 경험한 후 환매하는 가입자가 많다. 적립식 펀드는 투자 기간이 짧을수록 손실 위험도 크다. 그렇기 때문에 투자 위험을 3년 이상으로 생각하고 시작하는 게 바람직하다. 따라서 3년간 투자해도 문제가 발생하지 않는 규모의 금액으로 투자를 시작하자. 원금 손실 위험에도 불구하고, 적립식 펀드를 권하는 이유는 기다린 만큼 돌아오는 수익이 크기 때문이다. 그러면 이렇게 장점도 단점도 확실한 적립식 펀드를 제대로 운용하는 방법을 소개하겠다.

■ 투자 기간은 최소 3년

3년 이상 걸리는 재무 목표를 위해서 활용하라. 투자 수준은 꾸준히 유지할 수 있는 정도가 되어야 한다. 적립식 펀드는 주가가 떨어지더라도 꾸준히 유지하는 게 좋다. 주가가 떨어지면 같은 금액으로 더 많은 주식을 매수할 수 있다. 훗날 주가가 정상 수준으로 돌아왔을 때 수익을 기대할 수 있다.

따라서 금액이 너무 크지도 너무 적지도 않고 적당해야 한다. 이게 어렵다. 금액이 너무 크면 지속적으로 투자할 수 없고 너무 적으면 수익의 기대 또한 적다. 여기서 반드시 필요한 게 자신의 투자 여력을 파악하는 것이다. 예를 들어서 4년 후 자가용을 바꾸고 싶다고 가정하자. 자금 1,500만 원을 목표로 삼는다면 월 25~30만 원 정도가 필요하다. 생각보다 수익이 낮더라도, 재무 목표를 달성하는 데 큰 문제는 없다. 수익률이 높으면 좋겠지만 우리에게 그보다 더 중요한 것은 재무목표 달성이다.

■ 목표 수익률 정하기

펀드를 시작한 지 얼마 되지도 않는데 수익률이 마이너스라면? 웃는 얼굴로 멀쩡하게 지내기가 어려울 것이다. 모든 투자 상품이 그렇듯 적립식 투자 상품도 환매 시기의 상황이 가장 중요하다. 수익률은 언제든 바뀔 수 있다. 지금 당장의 상황보다 앞으로의 상황을 주시하고 대응하자.

상담자들 중에는 수익률이 30%까지 났던 과거를 자꾸만 곱씹는 사람들이 있다. 과거에 수익률이 좋을 때가 어디 그때뿐이겠는가. 그러나 과거는 과거. 지나간 버스에다 손 흔든다고 달라질 것은 없다. 펀드는 기간만 채우면 예정된 이자를 주는 적금과 다르다. 수익률을 기준으로 관심 있게 지켜봐야 한다. 그리고 내 기준에 도달했을 때, 그때 환매하여 수익을 얻도록 하자.

■ 분산만이 살 길이다

도대체 왜, 일시금 투자를 강행하는가? 펀드 투자를 할 때 가장 많이, 흔하게 저지르는 실수가 하나의 펀드에 일시금 투자를 하는 것이다. 이렇게 되면, 좋지 않은 상황이 닥쳤을 때 무조건 손실을 볼 수밖에 없다.

2000년대 후반에 중국 관련 펀드가 열풍을 일으켰던 것을 기억하는가? 이때 중국 관련 펀드에 목돈을 한 번에 투자하고 5년이 지난 지금도 약 20%의 손실을 기록하고 있는 이들이 있다. 투자 시점을 분산시키는 가장 손쉬운 방법이 적립식 투자다. 또 여러 유형의 펀드로 분산 투자하기를 권한다. 예를 들어 월 100만 원을 투자한다면 세 개의 펀드에 각 50, 30, 20만 원씩 투자하는 것이다. 세 개의 펀드도 국내·해외, 주식·채권, 가치·성장·배당·인덱스 등 유형별로 다양하게 분산시켜라.

■ 이도저도 안 된다면 전문가를

이 모든 것이 어려울 때, 우리에게는 전문가가 있다. 어떤 펀드에 어떤 방법으로 투자해야 할지 망설여진다면 전문가에게 도움을 청하라. 가입 가능한 펀드의 수가 수천 개에 이른다. 좋은 펀드를 고르는 안목이 성공적인 투자의 전제 조건이다.

앞서 여러 차례 이야기를 했으니 은행에서 권하는, 지인이 권하는 펀드에 가입하지 않을 것이라고 믿는다. 전문가와의 상담을 통해 본인 투자 성향에 맞고 안정적으로 수익을 내는 펀드에 투자하자. 재무 목표를 고려하여 원칙에 맞게 돈을 모은다면, 투자해서 '괜히 투자했다'나, '손해만 봤다'고 후회하는 일은 없어야 한다. 가장 중요한 것은, 이루고자 하는 목표에 맞게 저축 및 투자금액을 설정하고 꾸준히 진행하는 것이다.

100만 원씩 1년 투자하는 것보다 20만 원씩 5년 투자하는 것이

'수익률' 면에서 더 좋다. 투자 기간이 짧을수록 투자로 인한 원금 손실 위험도 크기 때문이다. 적립식 펀드는 나도 모르는 사이에 돈이 모이고, 목돈에 꾸준히 수익이 발생한다는 이점이 있다. 갈수록 떨어지는 은행 금리 때문에 고민이라면 적립식 펀드에 눈을 돌려보자. 중장기 자금을 모으는 데 있어 든든한 지원군이 되어 줄 것이다.

29
CHAPTER

돈 걱정 없는 20년 후

'우리 가족 모두 아프지 않고 건강하게, 오래오래, 잘 살게 해 주세요.'

누구나 살면서 한 번 이상은 이런 소원을 빌어봤을 것이다. 우리가 원하는 건강하고 행복하게, 오래오래. 언뜻 보면 소박한 것 같은 이 바람이 현실이 되기 위해서는 비용이 필요하다. 그래서 당장 다음 달 생활비도 걱정이지만 먼 훗날에 대한 대비를 하지 않을 수 없다.

금리 1%대 시대를 맞아 은행의 예적금이 사실상 무의미해진 상태에서 어떤 투자가 바람직할 것인가. 한 가지 확실한 것은 돈을 불리고 싶다면 위험을 감수해야 한다는 점이다. 지금과 같은 초저금리가 당분간 지속된다면 어느 정도의 리스크는 피하려해도 피할 수가 없다. 이른바 중위험·중수익으로 분류되는 상품에 투자하는 것이 불가피하다.

그러나 원금손실은 생각만 해도 두려운 일이다. 공격적이고 위험한 투자가 유행한다고 유행에 휩쓸려 투자를 결정했다가는 위험한 일을 당할 수도 있다. 그러므로 내가 감내할 수 있는 손실 수준을 먼저 정하는 것이 중요하다. 투자전략을 그 수준에 맞추어서 짜야 한다. 투자해 놓고 원금손실이 발생할까 봐 밤에 잠을 못 이룬다고 생각해 보라. 오래오래 행복하기 위해서 시작한 투자가 재앙이 될지도 모른다.

그러면 먼저, 중위험·중수익으로 분류되는 상품의 종류부터 알아보자. 가장 많이 추천하는 상품은 지수형 주가연계증권(ELS)과 글로벌 인컴펀드, 공모주 펀드 등이다. 지수형 ELS는 주가지수의 움직임에 연동해 수익이 결정된다. 금융 위기와 같은 큰 충격이 오지 않는 한 손실 위험이 크지 않다. 개별 종목에 연동되는 ELS보다 변동성도 덜하다. 이미 20조 원 가까이 판매될 정도로 꾸준한 인기를 누리고 있다.

글로벌 인컴펀드에 관한 관심도 뜨겁다. 일반적인 주식형 펀드는 주가 상승에 따른 차익을 노린다. 반면에 인컴펀드는 채권, 고배당주 등에 투자해 일정 기간마다 수익이나 이자를 챙길 수 있는 펀드를 뜻한다. 한국의 경우 고배당 유인 정책을 시행하고 있지만 아직은 배당률이 낮은 편이기 때문에 아시아 신흥국에 투자하는 아시아에셋인컴펀드에 관심을 가져볼 만하다. 상장 후 차익을 노릴 수 있는 공모주 펀드, 국공채 펀드도 대표적인 중위험·중수익

상품이다.

부동산 투자는 여전히 전망이 어둡다. 주택의 경우 거래량이 늘고 있다고는 하지만 앞서도 밝혔듯이 주택을 투자 대상으로 접근하는 시대는 끝났다. 더 이상 과거와 같이 부동산 가격이 급등하기는 어렵다. 그러나 노후를 위해 집을 마련하고 싶다면 이야기는 달라진다. 장기 거주용으로 주택 매매를 하기에는 좋은 타이밍이다. 주변 환경이 좋고 편리한 곳에 주거용 주택을 구입해서 노후에 대비하는 것은 시도해 볼 만하다. 노후에 활동량이 줄어들 것을 생각하면 주거는 매우 중요한 문제다.

중위험·중수익의 성격에 맞지 않는 금융상품도 있는데 대표적인 것이 저축성 보험상품이다. 이자 수익에 대해 비과세 혜택을 주는 저축성 보험은 비과세 조건을 충족시키려면 1인당 2억 원 한도 내에서 투자해야 한다. 게다가 10년 이상 유지해야 비과세 혜택이 적용된다. 따라서 저축성 보험이 비과세 혜택을 주는 이자의 크기는 원금의 5%에도 못 미친다. 10년간 1억 원을 넣어도 10년 후 이자로 받는 금액이 500만 원도 되지 않으며, 비과세 혜택이 주어지더라도 우리 손에 들어오는 돈은 78만 원이 고작이다.

반드시 노후 자금을 모으겠다는 강박관념을 가지지 말고 장기 투자를 해보는 것도 나쁘지 않다. 노후 자금으로 활용할 만큼 큰 액수를 모으지 못해도 그 돈이 어디 가는 것은 아니다. 교육비나 내 집 마련에 쓰일 수도 있고 다시 노후 자금을 모을 종잣돈이 될 수도 있다. 특히 연금저축펀드와 같은 장기투자 상품은 가능한 한 빨리 가입하는 것이 좋다. 투자 목적이 노후 대비이므로 40대 이후에 가입하는 것보다 20대나 30대에 조금이라도 일찍 투자를 시작하는 것이 유리하다. 이쯤에서 노후에 대비하는 방법을 나이별로 나누어 정리해 보자.

: 노후를 대비하는 우리의 자세 :

▪ 20대, 금융상품만 잘 골라도 OK

제일 먼저 20대, 이 시기에는 노후 준비에 많은 돈을 투자할 필요가 없을뿐더러 노후 준비에 쓸 돈이 많지도 않다. 결혼 자금과 같은 단기 자금을 모으거나 자기계발에 투자하는 것만 해도 빠듯하기 때문이다. 실제로 결혼 준비나 자기계발이 노후 준비보다 우선시되어야 하는 것도 맞다. 그러므로 필요 없는 금융 상품에 가입하지 않도록 유의해야 한다.

쓰는 즐거움보다 모으는 즐거움을
한참 소비하고 멋을 부리고 싶은 나이다. 자신만의 라이프스타일을 가꾸고 싶어할 때라서 또래들이 하는 대로 분위기에 휩쓸리기 쉽다. 하지만 미혼일 때야말로 저축을 많이 하고 지출을 줄일 수 있는 저축 황금기다. 마음만 먹으면 수입의 50%는 저축할 수 있다. 각오를 단단히 하고 재무 계획을 세우자.

퇴직연금 선택은 중요하다

퇴직연금은 크게 DB형(Defined Benefit, 확정급여형)과 DC형(Defined Contribution, 확정기여형)으로 나뉜다. DB형은 기존의 퇴직금 제도와 유사한 것으로 사외 금융기관에서 운용하지만 회사가 운용 이익과 손실을 담당하고 직원에게는 확정된 금액의 연금을 지불하는 제도다. 반면 DC형은 연금 운용 이익과 손실이 개인의 몫이 된다. DC형을 선택할 경우 투자에 대한 지식이 필요하므로 펀드를 선택할 때, 전문가의 도움을 받도록 한다. 급여 상승률이 높은 회사에 신입 사원으로 입사했다면 처음엔 DB형으로 출발해도 좋다. 그런 다음 펀드 투자에 관심을 갖고 공부를 한 뒤 DC형으로 옮기길 추천한다. 단, DC형에서 DB형으로의 변경은 불가하니 유의해야 한다.

필요 없는 금융 상품 정리

20대 사회 초년생은 온갖 금융회사 직원들의 표적이 되기 쉽다. 일반적으로 보험회사나 은행에서는 신입사원들에게 소득공제나 세액공제가 되는 연금저축 상품부터 가입하라고 강조하거나 재형저축과 같은 비과세 상품에 가입하라고 부추긴다. 이 상품들은 주로 장기적으로 불입해야 하는 상품인 만큼 결혼이나 다른 중요한 단기 자금이 필요한 초년생들에게 불리하다. 그밖에 모르고 혹은 부탁을 거절하지 못해 가입한 금융상품이 있다면 빨리 정리하라.

■ 30대, 인내하는 법을 배울 나이

30대는 슬슬 장기자금 마련에 돌입해야 할 나이이다. 내 집 마련이나 전세 자금을 위한 단기 목돈 마련 상품들은 남편의 이름으로 한다해도, 연금만큼은 아내의 이름으로 해주는 것이 나중에 상당한 위력이 있다. 남자들이야 60세 전후까지 일하며, 기본적인 국민연금액이 준비가 되어 있다. 또한 본인 앞으로 나오는 퇴직금이나 퇴직연금이 연금 목적의 자산으로 착실히 준비된다. 이에 반해 여성은 연금 자산이 없고, 여성의 평균 수명이 남성보다 적어도 7~8년 정도는 길다. 따라서 종신토록 연금으로 수령하는 조건을 선택하면, 같은 돈을 불입하고도 남자보다 7~8년 더 연금으로 받을 수 있다.

모으는 즐거움을 이어가라

30대를 어떻게 보내느냐에 따라 노후 자금은 달라진다고 할 정도로 이 시기는 중요하다. 집, 자동차를 어떻게, 얼마나 주고 결정할 것인가. 중형차를 탈 것인가, 소형차를 탈 것인가. 집을 살 것인가, 전세에 살 것인가. 그것도 아니면 월세에 살 것인가. 어떻게 결정하고 선택하느냐에 따라서 부부의 지출 규모에 큰 차이가 난다. 이 시기에는 금융상품 몇 개를 더 가입하느냐보다 얼마나 융통성 있게 아끼며 사느냐가 더 중요하다.

현금을 확보하라

출산, 육아가 어느 정도 마무리되었다면 다시 지출을 줄이고 현금을 늘리자. 맞벌이할 수 있는 상황이면 맞벌이를 해야 한다. 두 사람 중 한 사람의 수입을 모두 노후 자금으로 준비한다는 마음으로 최대한 저축액을 높이고 기회비용을 살려 적극적인 투자에 나서야 한다. 펀드와 채권 등 적극적인 투자를 통한 현금 자산 늘리기를 권한다.

아내의 직업을 찾아줘라

많은 여성들이 아이가 태어남과 동시에 경력이 단절되고 직장 생활을 포기한다. 그러다가 아이들이 다섯 살 이상, 혹은 초등학교에 입학하면 다시 일자리를 알아본다. 지출의 압박을 견딜 수 없기 때문이다. 그런데 이때는 이미 양질의 일자리를 찾기 어렵다. 비정규직이나 본인이 원하지 않는 일을 하게 되는 경우가 다반사다. 30대가 끝나기 전에 남편은 아내가 좋아하면서 잘할 수 있는 일을 찾도록 서서히 도와야 한다. 작은 금액이라도 경력을 이어갈 수 있으면, 40대가 되면서 영역도 넓어지고 더 많은 수입이 생길 수도 있다.

■ 4050, 두 개의 산을 넘어라

노후 준비가 절실한 4050, 그런데 이들의 노후 준비를 방해하는 것이 있으니 바로 자녀와 퇴직이다. 이 두 가지 장애를 어떻게 헤쳐나가느냐에 따라서 노후 준비의 성공과 실패가 판가름난다. 특히 50대는 가장의 퇴직을 현실적으로 받아들여야 하는 시기다. 은퇴 후 이전의 삶을 유지하기 어렵다는 것을 받아들이고 눈높이를 낮춰서 재취업을 하는 데 최선을 다하자. 연금이 나오는 65세까지는 가진 돈을 축내지 않겠다는 생각으로 소박하게나마 수입이 있는 게 중요하다.

정말 중요한 교육비 책정

교육비를 지나치게 많이 잡는 사람들이 있다. 소득을 뛰어넘는 자녀교육비 투자로 노후 준비에 고통받는 사람들이 적지 않다. 자녀를 위해서 얼마의 비용을 어떻게 쓸 것인가는 부부가 대화하고 합의해서 정해 놓아야 한다.

건강은 최고의 자산

아무리 든든한 노후 대책을 세워놓았다고 해도 건강에 문제가 생기다면 평생의 노력이 허사가 되기 쉽다. 몸이 아픈 것은 물론이요, 정신적으로도 고통당하고 병원비를 부담하느라 쪼들리지 않으려면 젊어서부터 건강관리에 힘써야 한다. 건강은 최고의 자산이다.

창업이 만능은 아니다

노후 대비를 위해서 무리해서 창업을 하거나 창업 자금을 마련하겠다고 투자하는 사람들도 많다. 이는 다른 어떤 투자보다도 위험이 따르는 게 사실이다. 일반적으로 소액 자영업자들이 한 달 수익금으로 가져갈 수 있는 금액은 3백만 원 선이다. 수입이 계속 지속되면 다행인데 장사가 되지 않아 적자를 보게 되면 결국 투자한 돈을 모두 잃어버리고 빚까지 지게 되는 경우가 많다.

4050은 새로운 도전이나 위험을 감수할 나이가 아니다. 창업보다는 수입이 적어도 안정된 직업을 선택하는 것이 바람직하다. 창업을 할 수밖에 없는 상황이라면 최소 1년 이상의 준비 기간을 거친 뒤에 신중하게 시작하도록 한다. 창업을 하더라도 기존에 하던 일과 연관성이 있는 노하우가 준비된 일을 시작하자.

프랜차이즈 창업은 그 위험도가 높다. 처음 시작할 때 본사에 가맹비와 인테리어 비용 등을 지불해야 하기 때문이다. 만약 프랜차이즈를 하게 된다면 협동조합 형태로 된 업종이나 브랜드를 선택할 것을 추천한다. 본사의 이익보다는 각 조합원들의 이익에 초점을 맞춘 구조가 장기적으로 봤을 때 더 큰 수익을 낼 수 있다.

4050세대는 돈에 대해 어느 정도는 안다고 자신하는 경향이 있다. 매사에 자신감이 있어야 하듯 돈을 모으는 데에도 자신감은 중요하다. 그러나 자만심은 경계해야 한다. 돈에 관한 중요한 결정을 내릴 때마다 내 능력을 너무 믿는 건 아닌지 주의하자. 또 한 가지 경계해야 할 것은 지나친 욕심이다. 길어지는 노후와 자녀 결혼에 대한 부담으로 돈 욕심을 부리는 4, 50대들이 늘고 있다. 욕심 때문에 잘못된 판단을 한 게 아닌지 돌아볼 줄도 알아야 한다.

30
CHAPTER

내 돈 지키는 포트폴리오

지금까지 독자들이 알아야 할 진실, 금융지식에 대해서 이야기했다. 뿐만 아니라 허울 좋은 재무설계가 아니라 실질적인 도움을 줄 수 있는 재무상담의 중요성도 강조했다. 책을 읽은 독자들이라면 누구나 재무상담에 대해서 관심을 가질 것이다. 그런데 아직 재무상담이 낯설게 느껴지거나 구체적으로 어떤 것인지 와 닿지 않는 독자들이 있을 것 같아 준비했다. 이른바 '내 돈 지키는 포트폴리오'이다.

이 부분은 독자와 저자 간에 문답식으로 대화를 나누며 전개된다. 책에서 짚어 준, 내 돈 지키는 법의 핵심을 다시 한 번 설명했다. 또 독자들이 궁금해 할 법한 질문에 정성껏 답을 달았다. 지금부터 소개하는 방법은 누구에게나 유익하며, 내 돈을 절대로 허투

루 쓰지 않게끔 도움을 줄 것이다. 시중의 많은 금융상품 중에 추천할 만한 상품들만 골랐다. 본격적으로 내 돈을 지키고 싶은 독자라면 이제부터 더 집중해야 한다. 절대로 책을 덮지 말지어다.

: 단기 목돈 만들기 :

Q : 당장에 목돈 마련부터 하고 싶습니다. 좋은 방법 없을까요?

A : 방법 있습니다! 잘 들으세요. 첫손에 꼽는 저축 방법은 〔CMA · CMS〕입니다. 〔CMA · CMS〕란 정기적금이나 자유적금처럼 CMA 계좌에 현금을 저축하는 방법입니다. 순서대로 알려 드릴 테니까 집중하세요.

1. 가까운 증권사에 가서 CMA 계좌부터 개설합니다.

2. 이후 CMS(cash management system)기능을 신청하는데, CMS란 쉽게 말해서 자동출금이라고 생각하면 됩니다. 적금처럼 얼마씩, 매월 정해진 금액이 통장에서 출금되는 거죠.

3. 이제, 현재 시중에서 가장 높은 이자를 주는 증권사의 CMA 계좌를 검색해야죠.

4. 금리가 적금금리와 비슷해서 실망이라고요? 적금은 중간에 깨면 이자를 반도 못 받습니다. 하지만 CMA는 하루라도 넣어두면 그만큼의 이자를 줍니다. 이 점을 적금처럼

순위	기관명	상품명	세전수익률
1	동부증권	HAPPY+CMA(RP형)	2.25%
2	메리츠종금증권	THE CMA plus(발행어음형)	2.25%
3	동양증권	CMA-MMW(일복리상품)	2.23%
4	신한금융투자(구, 굿모닝신한)	명품 CMA(RP형)	2.20%
5	교보증권	교보 CMA-RP형	2.20%
6	NH투자증권	해맑음예보 CMA-RP	2.20%
7	동양증권	My W 자산관리통장 미지정형(예금자보호)	2.15%
8	미래에셋증권	자산관리 CMA-RP형	2.15%
9	대우증권	대우 RP형 CMA	2.15%
10	현대증권	현대 CMA pro(RP형)	2.15%

(2015년 5월 말 현재)

활용하는 겁니다. 기간을 정해 놓지 않아도 되니까 짧게,
몇 개월 단위로 저축할 때 더욱 유리합니다. 비정기예산
같이 수시로 꺼내 쓸 돈을 마련하기에 딱 좋죠.

5. 위에서 가장 수익률이 높은 동부증권 CMA에 매월 100만
원씩 저축해 봅시다. [CMA · CMS]를 하면 1년 저축액은?
다음과 같은 결과를 얻게 됩니다.

개월 수	1	2	3	4	5		9	10	11	12	1년간 원금
매월 적립금(원)	100만	100만	100만	100만	100만		100만	100만	100만	100만	1,200만
하루 이자(원)	63	63	63	63	63		63	63	63	63	
적립 기간(일)	360	330	330	270	240		120	90	60	30	
누적 이자(원)	22,500	20,625	18,750	16,875	15,000		7,500	5,625	3,750	1,875	146,250

Q : 그런데 저는 돈이 있으면 쓰는 편이라, CMA에 넣어두면 꺼내 쓸 것 같아요.

A : 이런 분들에게는 고전적인 방법인 은행적금밖에 답이 없습니다. 은행적금은 중간에 깰 경우 손해가 발생하니까 〔CMA·CMS〕라는 방법을 추천드린 거고요. 중간에 꺼내 쓰는 것이 걱정된다면 적금을 가입해서 목돈을 모으는 게 좋습니다. 아무래도 적금은 별도로 해약을 해야 쓸 수 있다는 번거로움이 있으니까요. 돈을 지키는 데 그만큼 유리하죠.

그럼 말이 나온 김에, 적금 이자도 살펴 볼까요? 은행연합회 사이트에서 시중 은행 적금금리를 조회해 보면,

은행	상품명	금리(%)					
		6개월	12개월	24개월	36개월	48개월	60개월
국민	e-파워자유적금	1.60	1.90	2.10	2.30	–	–
신한	신한 미션플러스 적금	1.40	1.85	2.10	–	–	–
외환	매일클릭적금	1.80	1.90	2.00	2.10	–	–
우리	우리사랑정기적금	1.40	1.85	2.00	2.05	2.05	2.05
하나	오 필승코리아적금 2014(정액적립식/가계)	–	1.80	1.90	2.00	–	–
SC	퍼스트기업적금	1.70	1.80	1.80	1.80	1.80	1.80
씨티	라이프플랜저축	1.10	1.30	1.50	1.70	–	–

(2015년 5월 말 현재)

1년 만기 적금이 보통 1.8% 정도 수준입니다. 제일 높은 게 3년짜리 2.3%인데 사실 연간 0.5%의 이자 차이는 크지 않습니다. 만약 10만 원씩 1년 동안 적금을 가입한다면 세후 2,750원 차이입니다. 버스 타고 높은 이자 주는 은행, 일부러 찾아가지 마시고, 주거래 은행의 스마트폰 전용 적금이나 인터넷 전용 적금에 가입하는 게 좋습니다.

Q : 적금 이자는 거기서 거기라는 거네요. 그렇다면, 이런 적금을 가입할 때 특별히 유의해야 할 사항이 있나요?

A : 네, 이자 조금 더 준다고 해서 2, 3년짜리에 덜컥 가입하지 마시고요. 중간에 무슨 일이 생길지도 모르니까 1년 단위로 가입하세요. 목돈이 마련되면 예금으로 돌리는 게 유리합니다. 그리고 혹시 적금을 깨게 될 경우도 대비해서 한 번에 많은 금액보다는 여러 개로 나눠서 가입하는 게 좋다고 책의 본문에서도 언급했지요.

Q : 네, 이제 좀 알 것 같아요. 그런데 (CMA · CMS)든 은행 적금이든 이자가 너무 적은 것 같은데, 좀 안전하면서 이자가 높은 것들은 없나요? 이자 적은 것도 싫지만 원금 손실 나는 건 더 무서워서요.

A : 아하, 안전하면서 고수익을 내고 싶으신 거군요? 죄송하지만 세상에 그런 금융상품은 없습니다. 하지만 아주 조금만 위험을 부담하면 단기간에도 적금보다는 좀 나은 수익을 기대할 수는 있어요. 이제 펀드 투자에 대해서 알아볼게요.

: 중기 목돈 만들기 :

Q : 책에는 여유 있게 3년 이상 동안 돈을 모을 때, 즉 중기자금 모으는 방법으로 적립식 펀드를 추천한다고 되어 있던데 단기간 투자도 괜찮을까요?

대표	추천 펀드 명칭
국내, 대형성장	• 한국투자네비게이터증권투자신탁1(주식) • 트러스톤칭기스칸증권투자신탁(주식)
국내, 가치· 중대형	• 신영마라톤증권투자신탁(주식) • 신영밸류고배당증권투자신탁(주식) • 한국밸류10년투자증권투자신탁(주식) • KB밸류포커스증권투자신탁(주식)
국내, 중소형	• 동양중소형고배당증권자투자신탁1(주식) • 하나UBS코리아중소형증권자투자신탁(주식) • 삼성중소형FOCUS증권투자신탁1(주식)
국내, 연금저축	• 한국밸류10년투자연금증권전환형투자신탁1(주식) • 신영연금60증권 • 삼성당신을위한신연금Active증권 • 신영밸류고배당C-P
국내 혼합 (주식+채권)	• 동양중소형고배당30증권투자신탁(채권혼합) • 한국밸류10년투자증권투자신탁(채권혼합) • 미래에셋배당프리미엄증권투자신탁(주식혼합)
해외 주식	• 피델리티미국증권자투자신탁(주식-재간접형) • 이스트스프링차이나드래곤AShare증권자투자신탁(UH)(주식) • 동부차이나본토증권자투자신탁(H) • 미래에셋친디아컨슈머증권투자신탁(주식) • 슈로더유로증권자투자신탁A • 미래에셋MSCI이머징유럽인덱스 • 피델리티유럽증권투자신탁(주식)A
해외, 금	• KB스타골드특별자산투자신탁(금-파생형)A • 블랙록월드골드증권투자신탁 • IBK골드마이닝증권
해외, 하이일드채권	• AB글로벌고수익증권투자신탁(채권-재간접형)종류A • 피델리티유럽하이일드증권자투자신탁

A : 네, 3년 이상 넉넉히 시간을 두라고는 했지만 꼭 3년을 지키지 않아도 됩니다. 방법을 알려 드리기 전에 일단 추천할 만한 괜찮은 펀드부터 먼저 살펴보죠. 좋은 펀드를 골라서 분산투자하는 것도 중요하니까요. 276쪽에 있는 표가 추천할 만한 펀드 종목입니다.

Q : 와, 굉장히 다양하네요? 이 중에서 몇 가지를 분산해서 투자하란 말씀이죠? 그런데 1~2년 동안, 단기간 펀드투자도 정말 괜찮은가요?

A : 펀드에 있어서 가장 중요한 투자 포인트는, "꾸준히 3년을 채워라"입니다. 근데 이건 국내·외 주식형펀드의 경우에 해당되는 사항이죠. 다음 쪽에 있는 표는 제가 관리해 드리는 고객들과 실제 저자가 가입한 펀드의 일부 현황인데요. 매입 가액이 납입한 원금, 평가 금액이 현재 잔액이라고 보면 됩니다. '분산투자'와 '꾸준한 적립'으로 투자에 성공한 경우죠.

네 납입한 기간이 1년 조금 넘었는데도 수익률이 플러스인 펀드가 있죠? 바로 채권혼합이나 채권형 펀드입니다. 이렇게 채권에 일부나 전부를 투자하는 펀드는 주식형 펀드에 비해 변동폭이 크지 않기 때문에 1년만 지나도 은행 적금보다는 높은 수익을 기대할 수 있는 겁니다. 본인이 투자할 수 있는 기간을 잘 판단해 보고, 좋은 펀드를 골라서 무조건 적립식으로 분산 투자하시기 바랍니다.

계좌명	펀드명	월납입금액	납입횟수	매입 가액	평가 금액	수익률 (%)
정★★	신영밸류고배당증권(주식)A	150,000	29	4,306,935	5,509,139	19.54
정★★	삼성중소형FOCUS증권 제1호(주식)A	150,000	29	4,306,935	5,148,661	27.91
정★★	미래아시아퍼시픽소비성장 증권1호(주식)A	100,000	29	2,871,290	3,490,565	21.57
정★★	AB글로벌고수익증권 (채권-재간접형)A	200,000	30	5,916,529	6,072,815	2.64
4종목 / 29개월간 / 1,760만 원 투자하여				17,401,689	20,221,180	16.2

계좌명	펀드명	월납입금액	납입횟수	매입 가액	평가 금액	수익률 (%)
이△△	AB글로벌고수익증권 (채권-재간접형)A	100,000	12	1,191,072	1,209,892	1.58
이△△	신영밸류고배당증권(주식)A	150,000	12	1,782,180	1,899,596	6.59
이△△	한국밸류10년투자증권 (채권혼합)A	100,000	12	1,194,036	1,233,595	3.31
3종목 / 12개월간 / 420만 원 투자하여				4,167,288	4,343,083	4.22

계좌명	펀드명	월납입금액	납입횟수	매입 가액	평가 금액	수익률 (%)
박□□	삼성2.0차이나본토(주식)A	200,000	47	8,399,237	5,617,763	85.94
박□□	한국밸류10년연금전환형 (주식)C	200,000	47	8,650,000!	9,956,970	15.11
박□□	한국골드플렌네비게이터 연금전환형(주식)A	150,000	47	14,453,421	16,501,583	14.17
3종목 / 47개월간 / 3,180만 원 투자하여				31,502,658	42,076,316	35.13

TiP : 박□□ 씨 세 번째 펀드의 월 납입 금액 대비 매입 금액의 차이는 연금저축보험에 쌓인
돈을 기관 이전 제도를 통해 연금펀드로 이전 후 합산된 금액이다.

Q : 펀드는 꼭 적립식 투자만 있는 건 아니지요?

A : 네, 은행에 적금만 있는 것이 아니듯 펀드도 마찬가지입니다. 정기예금, 정기적금, 자유적금과 같은 다양한 저축 유형처럼 펀드도 이와 유사하게 유형을 분류할 수 있습니다.

■ 펀드 저축 유형 구분

구분	특징
거치식	목돈을 한 번에 불입하여 고객이 원하는 기간 동안 투자됨. 추가 매수, 부분 환매 불가
임의식	거치식과 동일하게 투자. 추가 매수 및 부분 환매 가능
정액적립식	자동 이체일을 설정하여 매월 일정 금액을 한 달에 한 번씩 불입하여 투자 (월 약정 금액 이하 매수 신청 불가)
자유적립식	정액적립식과 동일하게 투자하지만 금액에 상관 없이 매수 신청 가능

: 장기 목돈 만들기 :

Q : 은행, 증권사, 보험회사 할 것 없이 너무 많은 장기 상품들이 있어요. 용어도 다들 비슷하니 도대체 뭐가 뭔지 모르겠어요. 심지어, 서로 자기네 상품이 제일 좋다고 하니, 일목요연하게 정리 좀 해주세요.

A : 해야 할 것과 하지 말아야 할 것! 제대로 알려드리겠습니다.

■ 55~65세 소득 공백 대비

연금저축
소득공제 혜택 /
중도 해지 시 16.5% 과세

연금저축신탁 : 수익성↓☹ 수수료↓☺ 납입유연성↑☺

연금저축펀드 : 수익성↑☺ 수수료↓☺ 납입유연성↑☺ 강추

연금저축보험 : 수익성↓☹ 수수료↑☹ 납입유연성↓☹

■ 장기 목돈 마련 + 노후연금

변액보험
펀드에 투자되어
시중 금리보다 높은
수익률 기대

변액연금보험 : 채권 비중이 높아 수익률 저조

변액유니버셜보험 : 연금전환 가능, 추가 납입 가능

가입
Tip

• 추가 납입 사업비가 없는 보험사 선택
• 펀드 구성 : 유형별로 다양한 펀드를
  갖추고, 자산 운용이 우수한 보험사 선택
• 연금 전환 시 경험생명표 적용 시점 확인

강추

변액종신보험, 변액암보험 등 : 보장성보험임, 저축 절대 아님

■ 절대 비추!

**공시
이율 보험**
즉, 복리 이자 상품

• 이자가 그때그때 달라짐, 높은 이자 줄 리 없음
• 사업비 떼고 이자가 계산되어 은행 적금보다 못함

• 은행의 복리 상품, 전단지, 전화, 홈쇼핑 등
  대부분의 상품이 여기에 해당
• 상품 이름과 달리 복리의 마법은 절대 일어나지 않음

: 노후 자금 :

Q : 요즘 어디를 가나 노후 자금이 최고 이슈인데, 연금 가입은 어떻게 하는 게 유리할까요? 물론 사람마다 다 다르지만, 딱 하나만 짚어 주신다면요?

A : 누구에게나 가장 좋은 방법은 보험사의 '변액유니버셜보험' 입니다.

어려운 상품이기에 한번 더 쉽게 풀어 설명 드리겠습니다.

변액보험은 내가 내는 돈에서 보험사가 사업비를 떼고 난 뒤(통상 15% 수준) 나머지 85% 정도의 금액만 펀드에 투자 됩니다. 만약 10만 원을 가입하면 8만 5천 원 정도만 실제로 투자되는 거죠. 수수료가 아주 비싼 일반 주식형펀드에 장기간 가입한다고 생각하면 됩니다. 그런데 일반 펀드든, 변액에 있는 펀드든 쌓인 돈에서 떼는 보수라는게 또 있는데, 일반 펀드에 비해 변액의 펀드 보수가 1/5~1/4 정도밖에 안 됩니다.

쉽게 말해 똑같이 1억이란 돈이 쌓였을 때 일반 펀드는 4%를 뗀다면 변액은 1%를 뗀다고 보면 됩니다. 시간이 지나면 지날수록, 자금이 커지면 커질수록 주식형 펀드보다 변액이 유리하겠죠?

Q : 그렇겠네요. 그래서 변액보험은 장기간 가입하라고 하는 거 군요.

A : 그렇죠. 그런데 초기에 떼는 이 15%의 사업비를 아끼는 방법이 바로 추가 납입입니다. 추가로 돈을 납입하게 되면 이 돈에는 사업비를 떼지 않는 보험사가 더러 있습니다. 예를 들어 100만 원짜리 상품에 가입하면 15만 원의 사업비를 내는데, 50만 원짜리에 가입하고 50만 원을 추가 납입을 하면 그 절반인 7만 5천 원의 사업비만 내게 되는 거죠. 그러니 처음부터 금액을 크게 잡아서 가입할 필요가 없습니다.

그 다음엔 적절한 펀드 선택과 지속적인 배분 관리가 매우 중요합니다. 주식형 펀드로 수익을 많이 냈다면 채권형 펀드로 변경해서 수익을 지키고, 주식시장이 상승세를 보이면 다시 주식형 펀드로 변경해서 추가 수익을 내는 거죠. 따라서, 펀드 관리를 제대로 해줄 수 있는 전문 인력과 함께해야 합니다.

실제로 제 고객이 이렇게 꼬박 10년, 120개월을 유지했습니다. 2005년 5월부터 현재까지 매월 50만 원씩, 원금은 6천만 원인데 만일 지금은 사라진 4% 복리 확정 이율로 이자가 붙는 연금에 가입한 분과 비교한다면, 결과가 다음과 같습니다.

	원금	평가액
4% 복리 확정 이율 연금보험	6,000만 원	6,847만 원
변액유니버설보험	6,000만 원	10,341만 원

변액유니버셜보험은 일정 기간을 납입하면 만 45세 이후에 아무 때나, 연금으로 전환할 수 있는 데다가 연금 지급 방식도 상황에 맞추어 선택할 수 있습니다. 일부 보험사는 가입한 당시의 사망통계에 근거해서 연금액을 지급하기 때문에 나중에 평균 수명이 길어지더라도 구조상 매우 유리합니다. 군이 수익률도 저조한 변액연금에 가입할 필요가 없겠죠? 자세한 내용은 파트 2 '확실한 메리트를 노려라'를 살펴 보세요.

Q : 쉽지는 않지만 대강은 알 것 같아요. 공부 많이 해야겠네요.

: 보험 :

Q : 책을 다 읽었지만 보험은 여전히 어려워요.

A : 맞습니다. 용어도 어렵고, 설명을 읽어봐도 더욱 헷갈리기 십상입니다.

Q : 보험이 진짜 필요하긴 한 건가요?

A : 여러 가지 대답이 떠오르지만, '보험이 정말로 우리에게 필요한 존재인가'라는 질문에 저는 무조건 '예' 라고 답합니다. 정말 어렵게 만든 알토란 같은 적금, 3년 이상 고생해서 성공한 적립식 투자, 우리 인생 최후의 보루인 연금이 모두 병원비로 날아가면 어떻겠습니까?

Q : 헉! 생각만 해도 끔찍해요. 제 주변에도 몸이 아파서 대출 받아 병원비 내는 어르신이 있어요.

A : 요즘은 다행히, 의료기술의 발달로 위중한 질병들을 미리 검진해냅니다. 사전에 병을 키우지 않고 저렴한 비용으로 치료할 수 있게 됐죠.

Q : 어쨌거나 내 돈을 지키는 방법으로 보험은 꼭 필요하단 말씀이죠?

A : 네. 그런데 문제는 아프거나 다치지 않으면 결국 보험료는 버리는 돈이라는 거죠. 이런 경우에 대비해서 비용은 최소화하고 효율은 극대화시키는 게 좋겠죠? 금액적인 부담이 있는 경우에는 단독실손의료비보험만이라도 가입해 놓으시길 적극적으로 권합니다. 끝으로, 부족함 없이 충분한 보험 구성과 그에 따른 월 보험료의 가이드 라인을 제시하겠습니다. 힘들게 번 내 돈, 꼭 지키고 싶은 독자 여러분께서는 참고하시길 바랍니다.

필수 특약	특약 상세(단위 만 원)	월 보험료(단위 : 만 원)			
		20대	30대	40대	50대
실손의료비 (질병+상해)	입원의료비 5,000 / 통원의료비 25 / 처방조제 5	8	10 ~ 13	15 ~ 20	20 이상
3대 질병 진단금	암 진단금 2,000 / 급성심근경색 2,000 / 뇌졸중 2,000				
운전자 담보	교통사고 처리 지원금 3,000 / 변호사 선임 비용 500 / 벌금 2,000				

적정한 보험료는 나이 곱하기 3,000~3,500원이면 충분합니다. 다만, 보험료 이외에도 여러 가지 고려해야 할 측면이 많기 때문에 인터넷을 뒤져서 혼자서 결정하지 말길 바랍니다.

전문가와 상의하되, 보험 가입에 대한 원칙에 대해서 반드시 물어보십시오. 그 원칙이 타당하다고 판단되면 원칙에 어긋남이 없게 가입하면 됩니다.

꿈은 이루어져야 한다

복잡한 금융환경, 빠듯한 가정경제, 부자 되기를 꿈꾸는 사람들. 이 속에서 재무상담사가 할 수 있는 일이 무엇일까?

아무리 유능한 재무상담사라도 10만 원을 단숨에 1억으로 만들수는 없다. 어제까지 빈곤했던 고객의 생활을 하루 만에 윤택하게 바꿔놓을 수도 없다. 재무상담사는 복권이 아니다. 그러나 재무상담을 할 때 대부분의 사람들은 꿈을 꾼다. 좋은 차, 좋은 집, 돈에 구애받지 않는 여유로운 삶.

금융회사는 그 기대를 미끼삼아 상품을 판매한다. 처음부터 불가능한 기대를 대박의 환상으로 덮고 미리 걱정하지 않아도 될 위험까지 끄집어내어서 가입을 유도한다. 시간이 지난 뒤에 고객들에게 돌아오는 것은 배신감과 상실감뿐이다. 믿고 기대했던 만큼의 상처를 입고 현실로 돌아왔을 때는 더 고단한 삶이 그들을 기다린다.

일반적으로 사회에 첫발을 내딛는 20대 때는 '나는 누구보다도 잘 될 거야'라는 근거 없는 자신감을 갖고 출발한다. 소비에 치우치게 되는 것도 이러한 이유가 한 몫 한다. 시간이 흘러 나이를 먹고 가정을 갖고 점차 현실을 직시하면서 많은 것을 포기한다. 그렇다고 반드시 불행해진다는 의미는 아니다. 현실을 깨닫고 그 안에서 행복과 안정을 추구하는 데 누구에게나 후회와 아쉬움은 남기 마련이다.

재무상담사로서 할 수 있는 일의 핵심은 재무적 현실을 정확하게 인지할 수 있도록 도움을 주는 데 있다. 하늘을 나는 슈퍼맨이 되고 싶다는 것은 꿈이 아니라 망상이다. 고객이 망상이 아닌 현실에서 실현가능한 꿈을 꾸고 그 꿈을 이룰 수 있도록 돕는 것이 재무상담사의 역할이다. 잘못된 재무 결정으로 인한 경제적 손해와 상실감을 줄여주고 상처를 막아 주는, 후회를 줄여주는 일을 충실하게 해내는 그런 상담사를 목표로 지금껏 달려왔다.

최근 일부 병원의 과잉 진료가 문제되고 있다. 의술이 문제가 아니라 환자를 돈벌이로만 여기는 '일부 잘못된 사람'들이 문제다. 이러한 사람들을 법적인 장치로도 완벽하게 걸러낼 수 없다는 것이 문제다. 그런데 최소한의 의학 지식만 있어도 그저 당하지만은 않을 것이다. 낯선 금융상품을 마주했을 때도 마찬가지다. 크고 작은 재무적 의사결정이 필요할 때, 이 책이 여러분의 판단에 도움이 되었으면 하는 바람이다.